中学生における無気力感のメカニズムと対応

牧 郁子 著 Ikuko Maki

Mechanisms and coping skills of
junior high school student's helplessness

ナカニシヤ出版

まえがき

　筆者が中学生の頃「登校拒否」という現象が出始め，その後その現象が一般化した結果，「不登校」という名称に変わりました。その間，いじめ・学級崩壊・非行など，学齢期の子どもたちはさまざまな表現で，SOS を発信し始めました。当初心理学はそうした子どもの SOS を「子どもの問題」と捉えて，「子どもを変える」という視点から，子どもの心のメカニズムの検証や，介入方法を検証する研究が多かったような気がします。実際に私が中学生の頃「登校拒否」になった折は，親も教師も「心の病気」という観点から，「何とかできないか」と奮闘していたように記憶しています。そうした大人の対応に，中学生だった私は違和感を覚えながらも，その違和感を言語化できるほど「登校拒否」という現象のメカニズムをわかっていませんでした。

　時は流れ，中学生の時抱いた違和感を出発点に大学での卒業研究のテーマを探していた時出会ったのが，セリグマン（Seligman, M. E. P.）の学習性無力感理論でした。彼の理論は「行動しても結果が随伴しなければ，行為者は自発行動をやめてしまう」というシンプルな理論でしたが，この理論こそ，中学生の時私が抱いた気持ちを代弁してくれた理論でした。つまり「SOS を出しているにもかかわらず，周囲から適切な応答が来ない」という気持ちです。

　本研究は，この学習性無力感理論における「随伴性認知」を基軸理論に卒業研究から出発し，他理論も援用しながら「中学生の無気力感のしくみ」を検証し，その検証結果に基づき「対応方法を提案する」という博士論文までの研究をまとめたものです。

　本研究の流れは当初，従来の「子どもの心のメカニズム」を検証して，子どもへの介入方法を提案するというものでした。しかし不思議なもので，データで検証した結果に基づき現場で子どもへの介入をしてみたところ，「子どもを変えることへの限界」が見えてきました。修士課程・博士課程へと進み，臨床心理学研究の学びを深めてゆくなかで，いつの間にかデータの流れをひたすら追い，先行研究をベースに構築した方法を前提に，子どもへの援助をしようと

していた自分がそこにいました。

　こうした試行錯誤の日々のなか，臨床心理士として多くの小中学校で，不登校を含めたくさんの子どもたちのSOSと向き合う機会に恵まれました。その経験を通じてわかってきたことは，子どものSOSの多くが，子ども自身の問題というよりも，彼らがそれまで関わってきた環境，特に環境としての大人との相互作用が影響している…という事実です。

　ここで研究者としての私は，中学生の無気力感への対応を「SOSを出しているにもかかわらず，周囲から適切な応答が来ない」に原点回帰します。その成果が，第5章・第2節です。このように本研究における視座は，中学生であった筆者をはじめ，子どもたちから教えてもらったともいえます。

　その一方で，データが現象を教えてくれたこともありました。

　従来一元的な逆概念として語られてきた随伴経験と非随伴経験の認知が，実は独立した現象である可能性があること，またセリグマンの理論において無力感の主軸と考えられてきた非随伴経験の多さよりも，随伴経験の絶対量の少なさの方が，中学生の無気力感に影響を与えていたこと…などです。当時の筆者は従来の仮説と違う結果にあわてましたが，結果的にこのことが発見となり，研究者の道に進むことになりました。

　また認知行動療法を学んでいた筆者が，第5章・第1節にあるように，中学生の認知変容の効果検討でうまくいかない経験をした後，随伴経験を通じて形成されたコーピング・エフィカシー（ストレス事態への対処の自信）が，思考の偏りを改善させる可能性があることがデータで実証されました。このことをきっかけに，その後の無気力感が高い子どもへの介入は，思考の偏りそのものを変容させるのではなく，コーピング・エフィカシーの醸成によって改善するプログラムに変更し，現在も効果をあげています。

　このように本研究は，研究者・臨床家としての，筆者自身の試行錯誤の歴史の集大成ともいえます。改めて振り返ると，理論だけでも現象だけでもなく，この2つの視座を行きつ戻りつしながら着実に検証してゆくことが，現場に資する研究につながるのかもしれない…と今考えています。

　なおこの研究は，日本学術振興会の研究成果公開促進費（課題番号265194）の助成を受けて出版されました。

目　　次

第1章　無気力の科学―無気力感に関する研究動向と課題 ──── 1
　　第1節　中学生における無気力感　1
　　第2節　無気力感に関する先行研究と問題点　2
　　第3節　先行研究の問題点の整理と本研究の目的　9
　　第4節　本研究の意義　14
　　第5節　本研究の構成　15

第2章　中学生の無気力感のしくみを測定する―無気力感を構成する変数尺度の作成，および信頼性・妥当性の検討 ──── 19
　　本章の目的　19
　　第1節　中学生版・主観的随伴経験尺度の作成と信頼性・妥当性の検討〈研究1〉　19
　　第2節　中学生用コーピング・エフィカシー尺度の作成と信頼性・妥当性の検討〈研究2〉　27
　　第3節　中学生用・思考の偏り尺度の作成と信頼性・妥当性の検討〈研究3〉　34
　　第4節　本章のまとめ　41

第3章　中学生の無気力感を構成する要因―中学生における無気力感要因の同定，およびその関係性の検討 ──── 45
　　本章の目的　45
　　第1節　主観的随伴経験が中学生の無気力感に及ぼす影響〈研究4〉　45
　　第2節　無気力感を構成する要因の検討〈研究5〉　50
　　第3節　無気力感上昇群・下降群別による構成要因の変化〈研究6〉　53
　　第4節　本章のまとめ　56

第4章　中学生の無気力感のしくみ―中学生の無気力感モデルの構築と妥当性の検討 ——— 59

　　本章の目的　59
　　第1節　因果モデルの検討（1）〈研究7〉　59
　　第2節　因果モデルの検討（2）―思考の偏りを加えたモデルの検証〈研究8〉　63
　　第3節　因果モデルの検討（3）―時間的要因を入れたモデルの検証〈研究9〉　68
　　第4節　本章のまとめ　77

第5章　中学生の無気力感への援助―介入研究を通じての無気力感改善要因の検討 ——— 83

　　本章の目的　83
　　第1節　無気力感改善要因の検討（1）―生徒への中学生用・随伴性強化プログラムを通じた介入〈研究10〉　83
　　第2節　無気力感改善要因の検討（2）―教師への予防・対処マニュアルを通じた介入〈研究11〉　99
　　第3節　本章のまとめ　110

第6章　中学生の無気力感における予防と対処―総合的考察 ——— 115

　　第1節　本研究の結果まとめ　115
　　第2節　中学生における無気力感改善要因に関する総合的考察　120
　　第3節　結　語　128

引用文献　133
資　料　139
索　引　199

第1章
無気力の科学―無気力感に関する研究動向と課題

第1節　中学生における無気力感

　不登校生徒の増加・学級崩壊など，近年，児童・生徒の学校不適応行動が問題化している。そういったなか「登校拒否の様態区分」（文部省，1997）で，中学生の登校拒否の原因は"無気力型"が"不安などの情緒的混乱の型"と並んで一番多いという結果となっている。また不登校になったきっかけ要因として，「不安など情緒的混乱（25.1％）」「いじめを除く友人関係をめぐる問題（15.7％）」と並んで，「無気力（26％）」もその占める割合が多いことが示唆されている（文部科学省，2013）。

　作地（1990）は，身体的症状が伴わず精神的にも不安・不穏状態に至らない不登校を「無気力傾向の登校拒否」として，そのような子どもたちは，授業のみならず部活や学校行事に対しても反応や意欲が見られないケースが多いことを指摘し，現象の背景要因として「目標の喪失」をあげている。また針塚（1991）は子どもの無気力感について，現代の子どもたちが有能な者こそが社会的に価値があるといった価値観の一極化の状況におかれており，子どもたちを取り囲む社会環境の柔軟性のなさが目標とする対象を喪失させ，無気力感を生むとしている。このように，現代社会は目標を見出しにくい環境であり，そのことが子どもたちの無気力感を助長し，不登校をはじめとした学校不適応に影響を与えているとの指摘は多い。

　子どもの無気力感を考えるにあたっては，以上のような社会的要因に加えて，その時期特有の発達段階の要因についても考慮する必要がある。特に中学生は，心身の急激な発達といった生物学的な変化のみならず，学習内容の難化・友人関係の複雑化といった環境的な変化も経験する時期である。さらにクラス

活動・部活への参加など集団・組織への社会化と，自分らしさの獲得という個人化の二項対立的な発達課題を同時に達成することが求められる時期でもある（伊藤, 2001）。このように環境的・内面的にも変化が大きい中学時代は，子どもにとってとりわけストレスフルな時期ともいえる。加えて，経験の絶対量の不足によるコーピング・スキルなどの乏しさから，こうした急激な変化が心配や混乱に結びつきやすい時期でもある（Schinke, Schilling, & Snow, 1987）。また認知発達の観点から，思春期の子どもは行動と結果の随伴性判断がより現実的になることから，主観的なコントロール感が減少することが指摘されている（鎌原・樋口, 1987；Weisz & Stipek, 1982）。こうしたことから，中学生は行動に対する成果が実感されない経験が蓄積されやすく，自己や環境に対するコントロール感を失い，無気力感が般化しやすい時期であるといえよう。

　以上のことから，現代に生きる中学生の無気力感は，行動する目標を見出しにくい「社会的要因」と，行動しても思ったような成果が得られにくい「発達段階の要因」との 2 つの要因からなると考えられる。この「行動する目標を見出しにくい」「行動しても，思ったような成果が得られにくい」といった現象に共通しているのが，自分の行為に対する環境からの応答性の欠如という要因である。環境からの応答性の欠如という状況とは，Seligman & Maier（1967）による学習性無力感理論での，自身の行為で結果をコントロールできないといった「非随伴的状況」（水口, 1993）と合致する。こうしたことから中学生の無気力感において，行動と結果に関する随伴性の認知が重要な役割を果たしていると考えられる。行動と結果の随伴性が理解できるようになるのは思春期以降であり（Weisz, 1983），抑うつが増加する年代であることからも（Garber, Weiss, & Shanley, 1993），中学生の随伴性認知を検討することは，思春期以降の子どもの無気力感を理解する上で，意義あることと考える。

第 2 節　無気力感に関する先行研究と問題点

第 1 項　学習性無力感研究における無気力感

　反応性うつのモデルとされる学習性無力感（Learned Helplessness: LH；Seligman & Maier, 1967）は，「自分の行為と結果が随伴していない」という認

第2節 無気力感に関する先行研究と問題点

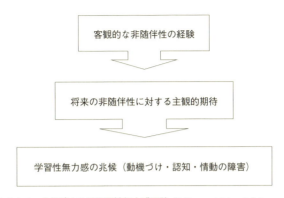

Fig. 1-2-1-1 オリジナルの学習性無力感理論 (Seligman, Maier, & Solomon, 1971)

知が，無気力感を引き起こすとする理論である（Fig. 1-2-1-1）。この LH 理論によると，「客観的な非随伴性の経験→将来の非随伴性に対する主観的期待→学習性無力感の兆候（動機づけ，認知，情動の障害）」といったメカニズムで，無気力感が引き起こされるという（Seligman, Maier, & Solomon, 1971）。しかしその後，非随伴的な経験後に遂行成績が上昇する促進効果（reactance）が生じる結果が報告された（Roth & Kubal, 1975 ; Wortman & Brehm, 1975）。こうしたことから，LH モデルの示唆するような非随伴的な経験だけでは必ずしも LH が喚起されないことが示され，LH 理論には新たなモデルが必要となった。そこで登場したのが，オリジナルの LH モデルに原因帰属理論を取り入れた，改訂 LH 理論（Abramson, Seligman, & Teasdale, 1978 ; Seligman, Abramson, Semmel, & von Baeyer, 1979）である（Fig. 1-2-1-2）。改訂 LH 理論によると，LH は非随伴経験の原因帰属を内的・安定的・全般的要因に帰属する場合に，無気力感が最も生起しやすいとされる（Gong-Guy & Hammen, 1980 ; Klein, Fencil-Morse, & Seligman, 1976 ; Seligman et al., 1979）。しかしその後の研究では，この抑うつ的帰属スタイルと抑うつとの相関はある程度認められているものの，3つの帰属次元全てとの相関を支持する結果はほとんどなく，わが国の研究においても，この仮説を完全に支持する知見は見出されていない。大芦・青柳・細田（1992）は，抑うつ的帰属次元のうち安定性次元だけは LH 効果に影響を与えていたが，それ以外の次元については LH の生起に影響を与えていないという結果を得た。このように，改訂 LH 理論は帰属理論

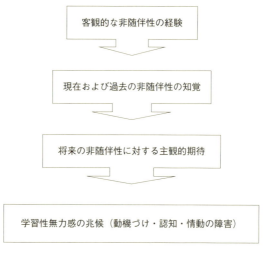

Fig. 1-2-1-2 改訂学習性無力感理論（Abramson, Seligman, & Teasdale, 1978）

を導入したものの，一貫した研究結果が得られていないことから，LHの喚起にとって3つの帰属次元は寄与条件ではあるものの，十分条件ではないことが示唆された。宮田（1989）は，LHの生起を決定するのは，あくまでも将来も結果をコントロールできるかどうかの予期であり，原因帰属はこの予期をもたらす原因の1つに過ぎず，それだけでLHの出現を予測できるものではないと主張している。

　現在のLH研究においては，改訂LH理論の出現によって抑うつ的帰属モデルに焦点を当て過ぎた結果，近年軽視されてきた傾向にある統制不可能性（uncontrollability）の次元，あるいは非随伴経験そのものの持つLH喚起への影響力を見直す動きが出てきている（荒木，1999；桜井，1989）。原因帰属理論を導入した改訂LH理論は，無気力感や抑うつ研究により多面的な視点を与えた側面は評価できるが，非随伴性の認知とLH喚起との間を媒介する変数が増えた分，実験・調査での実証が難しくなった点も否定できない。モデルが煩雑化して実験・調査での実証が困難になれば，臨床の現場での実用性も必然的に低くなる。以上のことからも，改訂LH理論登場以後，細分化してその効果の実証が分散する傾向にあるLH理論モデルをよりシンプルで実用的なモデルに再構成するため，まずLH理論から帰属理論の切り離しを行い，LH理論の基

軸である「主観的な随伴経験・非随伴経験の認知（随伴性認知）」のLHへの寄与度を検証し，その結果から新たな媒介変数を改めて考え直すところから，概念の再構成化を行う必要があると思われる。

第2項　コントロール感研究における無気力感

　無気力感・抑うつといった現象が「自分の行動で原因や結果を統制できるという一般化された期待」とされるコントロール感の欠如によるものであるとする指摘が，数多くなされてきた（Burger, 1989；Coyne & Gotlib, 1983；Peterson & Seligman, 1984；Weisz, Weiss, Wasserman, & Rintoul, 1987）。なかでもLH理論から誕生した随伴性認知は，コントロール感研究においても主要な説明変数として，重要な位置づけをなしてきた（Rodin, 1990；Skinner, 1995；1996；Thompson & Spiacapman, 1991；Weisz, 1983；1986；Weisz & Stipek, 1982）。先行研究においても，抑うつにおけるコントロール感喪失の要因として非随伴性認知があげられており（Burger, 1989；Peterson & Seligman, 1984），抑うつの媒介変数として，コントロール感の喪失や，その先行要因と考えられる随伴性認知の重要性が指摘されている（Weisz, Southam-Gerow, & McCarty, 2001；Weisz, Sweeney, Proffitt, & Carr, 1993）。こうしたことから，無気力感の新たな媒介変数を検討しモデル構築をするためには，コントロール感研究をレビューすることは意義あることと考えられる。

　コントロール感は，多くの研究者によって定義づけられてきたが（Burger, 1989；Rodin, 1990；Skinner, 1995；1996；Thompson & Spiacapman, 1991；Weisz, 1983；1986；Weisz & Stipek, 1982），大きくは以下の2つの潮流がある（Table 1-2-2-1）。第1の潮流は，LH理論（Seligman & Maier, 1967）・Locus of control 理論（Rotter, 1966）を基盤としたモデルで，随伴性（contingency）とコンピテンスに関する情報の結合が，コントロール感の判断に結びつくとして概念化されてきた流れである（Compas, Banez, Malcarne, & Worsham, 1991；Flammer, 1995；Thompson & Spiacapman, 1991；Weisz, 1983；1986；Weisz & Stipek, 1982）。コンピテンスとは，望ましい結果を随伴する行動のバリエーションを，どの程度生み出すことができるかといった概念である（Weisz, 1983）。そして第2の潮流は，セルフ・エフィカシー理論（Bandura,

Table 1-2-2-1 代表的なコントロール感モデル

Bandura（1977）	結果期待 ＋ 効力期待 ＝ コントロール信念
Weisz & Stipek（1982）	主観的随伴性 ＋ 主観的コンピテンス ＝ 主観的コントロール感

1977）を基盤とした概念モデルである。Bandura（1977）は望ましい結果を生み出すのに必要な特定の行動を成功裏に実行できるという確信である効力期待（efficacy expectations）と，所与の行動がある結果に至るといった期待である結果期待（outcome expectations）を理論的に分け，効力期待→結果期待といった時間的流れを前提とした，セルフ・エフィカシー理論を提唱した。そしてSkinner（1995；1996）は，このセルフ・エフィカシー理論にLH理論・帰属理論などの要素を取り入れた，統合的なコントロール理論の構築を試みた。Skinner（1995）によると，望ましい結果を生み出し，望ましくない出来事を防げるかどうかに関する，一般化された期待であるcontrol beliefs（＝ perceived control：コントロール感に相当）とは，ある手段が結果に対してどれだけ有効かといったstrategy beliefs（方略信念：結果期待に相当）と，ある手段をどれだけとることができるかといったcapacity beliefs（能力信念：効力期待に相当）という2つの信念の結合であるとした。

以上のように，コントロール感には主に，随伴性とコンピテンスの結合であるとする説と（Compas et al., 1991；Flammer, 1995；Thompson & Spiacapman, 1991；Weisz, 1983；1986；Weisz & Stipek, 1982），結果期待と効力期待との結合であるとする説（Skinner, 1995）との2つの潮流がある。コンピテンスと効力期待に関しては，ほぼ同義の定義がなされているが，随伴性と結果期待の定義，効力期待と結果期待の関係性に関する定義は，ばらつきがあるのが現状である。こうしたことから，新たに無気力感を構成する媒介変数を同定しモデルを検討するためには，コントロール感研究における概念の問題点を整理する必要があると考えられる。

(1) 随伴性認知と結果期待との概念的混在

随伴性はコントロール感研究において，同じ「行動と結果の認知に関する概念」として結果期待と同義に扱われることが多いが（Weisz, 1983），随伴性は「行動のバリエーションに対する結果の応答性」，結果期待は「所与の行動があ

る結果に至るといった期待」と定義されており，前者が行動と結果の応答性に関する認知，後者が行動に対する結果への期待という構成概念上の違いが存在する。また結果期待を一般化された信念と捉える立場もあることから（Rodin, 1990；Skinner, 1995），随伴性認知は結果期待よりも前に位置すると考えられ，この2つの概念には時間軸上でも明確な違いが存在すると考えられる。

(2) 効力期待と結果期待の連続性

　セルフ・エフィカシー理論（Bandura, 1977）における，効力期待と結果期待という2つの概念に関しては，実際場面において厳密には切り離せないのではないかという指摘がなされてきた（Rodin, 1990；Scheier & Carver, 1987；Skinner, 1995；Weisz, 1983）。Skinner（1995）は，「望ましい結果を生み出せる行為を実行できる」という効力期待の判断には，既に「肯定的な反応—結果に関する期待（結果期待）」が前もって仮定されており，効力期待には結果期待が含まれていると指摘している。

　以上2つの問題点に関して本研究では，(1) 行動と結果の応答性に関する認知である随伴性認知と，当該の行動の結果に対する期待である結果期待とは，応答性と期待といった構成概念上の違いがあり，また認知→信念といった時間軸上での前後関係が予測されるため別概念である可能性がある，(2) 当該の結果を導くと考えられる行動に対する効力期待と，当該の行動の結果に対する結果期待とは，同じ期待概念であるため理論的には分けられても現象的には連続性があり，効力期待の中には結果期待が含まれている，とそれぞれ判断する。

　Bandura（1977）によって概念化された効力期待はその後，知覚された効力期待を測定するセルフ・エフィカシーとして，認知変数化されるようになった。Bandura（1977）は，このセルフ・エフィカシーが困難な状況における努力の量やストレス事態に対処する粘り強さの決定因であり，逆に不十分な対処行動はセルフ・エフィカシーを下げる要因となるといった関係性があることを指摘し，セルフ・エフィカシーの強さが，所与の状況における対処（コーピング）に大きな影響を与えるとしている。また恐怖症の患者に関する研究で，セルフ・エフィカシーが高まるほど，ストレス事態に対処している時のストレス反応が改善したとの知見もあり，コーピング行動とセルフ・エフィカシーの関連性が示唆されている（Bandura, Reese, & Adams, 1982）。こうしたことから中学生

が「行動しても思ったような成果が得られにくい」といった非随伴的経験をしても，「効果的な対処行動がとれる」というコーピングへのセルフ・エフィカシーが高まれば，無気力感へと陥る予防になることが考えられる。先行研究において，このようなストレス事態におけるコーピング行動へのセルフ・エフィカシーは「コーピング・エフィカシー」として独立した変数として扱われており（Bandura, 1989；Aldwin & Revenson, 1987），セルフ・エフィカシーの下位概念として位置づけられている（Bandura, 1989；Bandura, Reese, & Adams, 1982）。

第3項　抑うつ認知理論研究と無気力感

不合理な信念や抑うつスキーマといった認知変数も，抑うつや無気力感の高さ・コントロール感の低さに関与している可能性が，示唆されてきた（Garber et al., 1993；Tompson, Sobolew-Shubin, Galbraith, Schwankovsky, & Cruzen, 1993；Weisz et al., 1993；Wright & Pihl, 1981）。またオリジナルの学習性無力感モデルに原因帰属理論を取り入れた改訂LH理論（Abramson et al., 1978；Seligman et al., 1979）においても，非随伴経験→非随伴性の知覚から抑うつ的な帰属スタイルが形成されることが実証されてきており，非随伴性認知と抑うつ・無気力感間に認知の歪みといった媒介変数が存在し，無気力感や抑うつの発生に寄与している可能性があることは，多くの研究から示唆されている。ただし前述したように，改訂LH理論においては，非随伴経験の原因帰属を内的・安定的・全般的要因に帰属する場合に無気力感が最も生起しやすいとされるが（Gong-Guy & Hammen, 1980；Seligman et al., 1979），その後研究では一貫した研究結果が得られていないことから，LHの喚起にとって3つの帰属次元はある程度影響を与えている要因である可能性はあるものの，決定的な影響を与えているような要因ではない可能性が示唆されている。一方抑うつの認知理論として，実証研究をもとにその構造を構築したのが，Beckの抑うつ認知理論（1967）である。Beckは，自動思考・推論の誤り・抑うつスキーマといった主に3つの認知要因から抑うつの発生機序の説明を試みた（丹野, 2001）。自動思考とは意志と関係なく心に浮かんでくる否定的な認知であり，推論の誤りとは体系的な推論の誤り，スキーマとは深層にある認知構造・信念体系と定

義されている（丹野，2001）。この3変数間においては，スキーマは全般的で固定的な中核的思い込み，推論の誤りは先入観に代表される中間的思い込み，自動思考は考えの流れやイメージといった階層構造が指摘されており（Curwen, Palmer, & Ruddell, 2000），実際に抑うつスキーマ→推論の誤り→自動思考→抑うつ症状という因果モデルも検証されている（Ito, Mochizuki-Kawai, & Tanno, 2001）。3変数のなかでも抑うつスキーマに代表される，ネガティブな信念体系を測定する尺度が海外・本邦で数多く開発され，抑うつとの関係性が示唆されている（Coyne & Gotlib, 1983）。ネガティブな信念体系を測定する尺度の代表的なものとして非機能的態度尺度（DAS；Weissman & Beck, 1978）や，不合理な信念尺度（松村，1991；Shorkey & Whiteman, 1977）といった尺度が知られており，抑うつや無気力感を予測する変数として用いられてきた。ただこれらの尺度はいずれも成人版であり，また子どものネガティブな信念体系を測定する研究（坂野・嶋田・三浦・森・小田・猿渡，1994）でも成人版の項目が援用されるなど，子どもを対象として項目収集から作成された尺度は殆どないのが現状である。また従来のネガティブな信念体系の尺度には「倫理的非難」といった子どもの経験範囲から判断しにくい因子が含まれていたり，「大きな災難に出会ったら精神的に混乱するのが当たり前だ」といったような，子どもの生活場面そのものからかけ離れた場面を想定した項目が含まれるなど，子どもの生活経験を十分反映した測定ができない可能性も考えられる。加えてネガティブな信念体系は全般的で固定的な変数であるため，特性的な抑うつの発生機序への関与を前提としており，また項目の抽象度が高いことから，測定した結果を中学校現場における具体的な予防的援助に結びつけにくい可能性も考えられる。

第3節　先行研究の問題点の整理と本研究の目的

　本研究における無気力感の定義であるが，対象が一般的な中学生であり，病態水準ではなく普通の学校生活のなかで観察可能な様態を想定していることから，学習性無力感理論における動機づけの低下→認知の障害→情動の障害といった抑うつ症状（Seligman, 1975）のうち，動機づけの低下といった水準を前

提に,「さまざまな日常場面において行動への動機づけが低減した様態」と定義し,以下の研究を行うこととする。

〈研究1～3〉 無気力感を構成する変数尺度の作成と信頼性・妥当性の検討

　LH理論の研究史を概観してみると,現在必要とされているのは,随伴性認知のLH生起への寄与度の見直しと新たな媒介変数の検討であり,不足しているのは,随伴性認知および新たな媒介変数の操作による,無気力感の改善を図る介入に関する研究であると考えられる。そこで随伴性認知のLH生起への寄与度と新たな媒介要素を検証し,随伴性認知と新たな媒介変数の操作による,無気力感の改善を図る介入研究につなげてゆくためには,随伴性認知の新たな指標が必要となる。しかしLH研究は実験手続きによる随伴性認知の測定が主であり,またその後台頭した改訂LH研究では随伴性認知が重要視されなくなったことから,その測定尺度開発はあまりなされていないのが現状である。そうしたなか,Locus of control (Rotter, 1966：LOC) は,随伴性認知を測定する尺度として長年多用されてきた。しかしLOCは原因帰属の内在性次元(内的‒外的),および効力期待と随伴性概念が判然とした区別のないまま尺度化されており,概念の混在が見受けられる(樋口・清水・鎌原,1981；Rodin, 1990；Weisz, 1983；Weisz et al., 1987)。またWeisz, Sweeney, & Proffitt (1991) は,子ども用の主観的随伴性尺度を作成しているが,ある行動に対する一般的な結果期待を測定する項目中心に構成されており,一般化されたコントロール信念に近い概念を測定していると考えられる。こうしたことから,Seligman & Maier (1967) によるオリジナルのLH理論に即した,経験的な事実に基づく随伴性を測定するためには,個々の子どもの経験をできるだけ反映した,より行動と結果の随伴性に焦点を当てた項目から構成される,新たな尺度を作成する必要があると考えられる。そこで第2章・第1節では,中学生の無気力感を構成しそれを操作しうる重要な変数としてLH理論における随伴性認知に着目し,中学生を対象とした主観的随伴性認知を測定する尺度を作成し,尺度の信頼性・妥当性の検討を行う。

　オペラント条件づけの基礎理論である3項随伴性では,結果(強化)が提示されると自発行動が増加する状況を正の強化,結果(強化)が除去されると自

発行動が減少する状況を罰と定義し，結果（強化）が提示されると自発行動が減少する状況を罰，結果（強化）が除去されると自発行動が増加する状況を負の強化と定義づけ，環境と行動の関数関係全般を「随伴性」と定義している（中丸, 1998）。一方学習性無力感理論（Seligman & Maier, 1967）における随伴性認知とは，行動と結果が独立しているか随伴しているかに関する認知のことである。一連の無力感における基礎的実験研究（Benson & Kennelly, 1976；Seligman & Maier, 1967；Hiroto & Seligman, 1975）では，刺激をコントロールしようとして成功した群を随伴性群，刺激をコントロールしようとして失敗した群を非随伴性群としている。また Seligman（1975）においても，行動とフィードバックされた結果とに関係性が見出せなかったり，ある結果を期待して行った行動が失敗に終わり対処不可能であると認知した場合を「随伴性がない」と定義している。こうしたことを踏まえて，改めて現実事態を考え合わせると，本来学習性無力感理論における随伴性認知には，随伴的成功（例：頑張ったら成功した）・非随伴的成功（例：頑張らなかったのに成功した）と，随伴的失敗（例：頑張らなかったら失敗した）・非随伴的失敗（例：頑張ったのに失敗した）の2次元・4タイプが想定される（鎌原・亀谷・樋口, 1983）。そのうち非随伴的成功に関しては先行研究において，その効果が認められなかったり（Benson & Kennelly, 1976），無気力感につながるものの非随伴的失敗に比べるとマイルドな効果しか認められない結果が出ており（Koller & Kaplan, 1978），随伴的失敗に関しても，随伴的成功に比べるとその効果が顕著でないことが予想される。また子どもの随伴性認知測定尺度（Weisz, Sweeney, & Proffitt, 1991）においても，随伴的成功と非随伴的失敗項目から構成され，非随伴的成功と随伴的失敗項目は想定されていないことから，本研究における随伴性認知においてもこの2つのタイプを想定しないこととする。以上のことから本研究においては，自発行動で結果をコントロールしようとして成功した経験を随伴性，自発行動で結果をコントロールしようとして失敗した群を非随伴性と定義することとする。

　また第2節・第2項においては，コントロール感の欠如が無気力感や抑うつを喚起すると定義されていることから（Burger, 1989；Coyne & Gotlib, 1983；Peterson & Seligman, 1984；Weizs et al., 1987），無気力感を構成する変数をさ

らに検討するためにコントロール感研究を概観した。その結果，コントロール感（無気力ではない状態）とは随伴性認知とコンピテンスから構成されているという説と，結果期待と効力期待から構成されているといった2つの説がその潮流を占めていることが明らかになった。そして先行研究において，コンピテンスと効力期待においてはほぼ同義との知見があるが，随伴性認知と結果期待との定義に関してはその違いが明確化されておらず，さらに結果期待と効力期待が変数として明確に分割できないのではないかといった問題点が明らかになった。そこで(1)随伴性認知と結果期待との概念的混在，(2)効力期待と結果期待の連続性といった2つの観点から検討した結果，本研究では中学生の無気力感を説明する変数として，応答性の認知として主観的随伴性を，期待信念として効力期待を採用することとする。効力期待は後にセルフ・エフィカシーとして認知変数化されたが，そのなかでもストレス事態におけるコーピング行動へのセルフ・エフィカシーは「コーピング・エフィカシー」として下位概念化されていることがわかった。中学生が「行動しても思ったような成果が得られにくい」といった非随伴的経験をしても，「効果的な対処行動がとれる」というコーピングへのセルフ・エフィカシーが高まれば，無気力感へと陥る予防になることが考えられることから，本研究では，ストレス事態に陥っても対処行動をとることができるという自信をコーピング・エフィカシーと定義し，中学生の無気力感を構成する新たな媒介変数として採用することとする。そこで研究2では，学習性無力感研究・コントロール感研究における概念を整理し新たな無気力感モデルを構築するため，コーピング・エフィカシー尺度の作成とその信頼性・妥当性の検討を行うこととする。

　さらに第2節・第3項では，無気力感を構成する重要な変数を同定するため，抑うつ認知理論研究を概観した。その結果，(1)中学生の学校生活場面における偏った認知を反映し，(2)経験から形成され特性的な無気力感に結びつく比較的安定した変数であり，(3)病理水準ではない一般的な中学生の無気力感予防の援助に役立てるといった条件を満たす変数として，Beck（1967）による3つの認知要因のうち「推論の誤り」を採用することとした。そこで研究3では，中学生における推論の誤りを測定する，思考の偏り尺度を作成し，その信頼性・妥当性の検討を行うこととする。

〈研究 4 ～ 6〉中学生における無気力感要因の同定，およびその関係性の検討

　中学生の無気力感における構成要因を効果的に操作して改善を援助する介入へとつなげてゆくには，無気力感を構成すると考えられる媒介変数の同定と，同定された変数と無気力感との関係性，および媒介変数間の関係性を検討する必要がある。具体的にはまず研究 4 で，中学生の無気力感と主観的随伴性認知との関係性を検討する。そして続く研究 5 で，主観的随伴性認知，コーピング・エフィカシー，思考の偏りの各媒介変数が，無気力感の構成に寄与しているのかどうかを検討し（無気力感の媒介変数の同定），寄与しているとすればどの程度なのかについて検討する（同定された媒介変数と無気力感との関係性）。加えて，主観的随伴性認知，コーピング・エフィカシー，思考の偏りの媒介変数間で，どの程度・どのような関係性があるのかを検討する（媒介変数間の関係性）。その上で研究 6 では，実際に無気力感が上昇・下降する際に，主観的随伴性認知，コーピング・エフィカシー，思考の偏り各媒介変数がどのような変動をするのかを検討する。そして以上の結果から，各媒介変数がどのような経路を構成して無気力感に寄与しているのかを考察し，中学生における無気力感モデルの構築への判断材料にすることとする。

〈研究 7 ～ 9〉中学生における無気力感モデルの構築と妥当性の検討

　無気力感を構成すると考えられる媒介変数と無気力感との関係性，および媒介変数間の関係性を検討した後，その媒介変数を効果的に操作して改善を援助する介入へとつなげてゆくには，変数間の因果関係を課程したモデルの構築が必要となる。そこで研究 7 ～ 9 においては，研究 4 ～ 6 における結果および先行研究におけるモデル研究を参照して，中学生における無気力感モデルを構築し，その妥当性の検討を行うこととする。無気力感およびコントロール感のモデルに関する近年の研究は数少ないが，思春期の子どもにおけるコントロール感モデルとして，随伴性とコンピテンスがコントロール感を予測するとした，The contingency – competence – control（CCC）モデルがある（Weisz, 1986；Weisz et al., 1987；1993；2001）。Weisz et al.（2001）はこのモデルを用いて，随伴性とコンピテンスがコントロール感に正の影響を与え，抑うつに負の影響を与えることを実証した。ただこの CCC モデルにおいては，随伴性が結果期

待（当該の行動に対する結果の一般化された信念）として捉えられているため，随伴性が行動に関する信念であるコンピテンスと並列的にコントロール感を予測すると定義されている。しかし前述したように，随伴性認知と結果期待はそれぞれ，行動と結果における応答性の認知・当該の行動の結果に対する期待信念と，時間的にも前後関係が予測される別概念と考えられる。こうしたことから本研究では，このCCCモデルを構成する変数を一部参考に，主観的随伴性認知→効力期待→無気力感の低減という新たな時間的流れを想定し，研究4～6の結果と合わせてモデルを構築し，モデルの妥当性の検討を行うこととする。

〈研究10・11〉中学生における無気力感改善要因の検討—介入研究を通じての検討

研究10・11では，中学生における無気力感改善を援助する介入方法を検討するために，研究7～9にて構築およびその妥当性を検討した無気力感モデルをもとに，介入プログラムの作成およびその実施を通じて，中学生における無気力感改善要因の検討を行うことを目的とする。具体的には，生徒対象に直接的介入をする無気力感改善プログラムの作成および事例を通じた改善要因の検討と，生徒への間接的介入効果を目的とした教師対象の無気力感改善マニュアルの作成および事例を通じた改善要因の検討を行う。そしてその結果を踏まえて，研究7～9で同定された，無気力感改善要因の妥当性の検討を行う。

第4節　本研究の意義

不登校・ひきこもりに代表される非社会的行動，いじめをはじめとした個人間・集団内における対人関係トラブル，リストカットやアームカット等の自傷行為，および反社会的行動や性をめぐるトラブルの低年齢化など，現在中学校現場では多種多様な，学校不適応行動・問題行動が同時多発している。こうした現状のなか，各都道府県の中学校ではスクールカウンセラーが積極的に導入され，教職員とともに，毎週のように発生する多種多様な問題と，それに関係する生徒への心理的対処に当たっている。しかし，教職員およびスクールカウンセラーがフル稼働しても，現場によっては問題の発生件数の多さ・重篤さか

ら対処が追いつかないケースもあり，その結果，援助が必要な生徒への心理的対処が十分行き渡っているとはいえない現状もある。

　このように生徒をめぐる問題が中学校現場で頻発するなか，現在登校している中学生を対象に，学校不適応行動の要因の1つと考えられる無気力感の構成要因を同定し，その関係性を検討することは，(1) 現代の中学生一般における無気力感の理解，(2) 無気力感に起因する不適応行動の予防と対処方法解明の一助になる，といった観点から有意義であると考える。また同定された中学生の無気力感における構成要因をもとに，モデルを構築しその妥当性を検討することは，構成要因間の時間的前後関係を考慮した因果関係が考察できることから，(1) 中学生における無気力感の予防に必要な要因の同定，(2) 既に形成された中学生の無気力感改善への対処に必要な要因の同定，といった観点から有意義であると考える。さらに構築した中学生における無気力感モデルをもとに，実際に無気力感の高い中学生への介入方法を開発しその妥当性を検討することは，(1) 無気力感因果モデルに基づいたエビデンス・ベイスドな介入方法（プログラム，マニュアルなど）の開発につながる，(2) 中学校現場における担任教諭・スクールカウンセラー・養護教諭など，日頃生徒の心理的問題への対処に携わるスタッフに，現場で実践できる無気力感の予防・対処のための具体的なストラテジーを提供する，といった観点から有意義であると考える。

　また学習性無力感理論，およびコントロール感研究・抑うつ認知理論における先行研究を概観した上で，随伴性認知と結果期待の定義上の違いと時間軸上における違いとを明確化した「随伴性認知→効力期待→無気力感」といった無気力感の前提モデルは，随伴性とコンピテンス（効力期待）とが並行的に低いコントロール感つまり無気力感に影響しているとする The contingency – competence – control（CCC）モデル（Weisz, 1986；Weisz et al., 1987；1993；2001）を一歩先に進めた新たなモデルという意味で，研究史の上でも意義ある研究と考える。

第5節　本研究の構成

　本章では無気力感および無気力感関連研究における先行研究の概観を通して，

その問題点を明確化・整理した上で，本研究の目的・意義について言及した。そして本章における流れを受けて，本研究は以下のような構成で展開することとする。

　まず第2章では，第1章での先行研究の概観で示唆された，中学生の無気力感を構成する媒介変数を測定する尺度を作成し，その信頼性・妥当性の検討を行う。続く第3章では，第4章において無気力感モデルを構築する際の判断材料とするため，第2章で作成した測定尺度を用いて，無気力感を構成すると考えられる媒介変数と無気力感との関係性，および媒介変数間の関係性の検討を行う。第4章では第3章での結果を受けて，中学生の無気力感における因果モデルの検討を行い，無気力感改善要因を考察する。そして第5章では，第4章での中学生の無気力感における因果モデル構築で明らかになった，無気力感改善要因を反映した介入プログラムおよびマニュアルを作成し，その介入研究を通じて，本研究で同定された無気力感改善要因の妥当性を検討する。なお上記の本研究における構成を図示したものが，Fig. 1-5-1 になる。

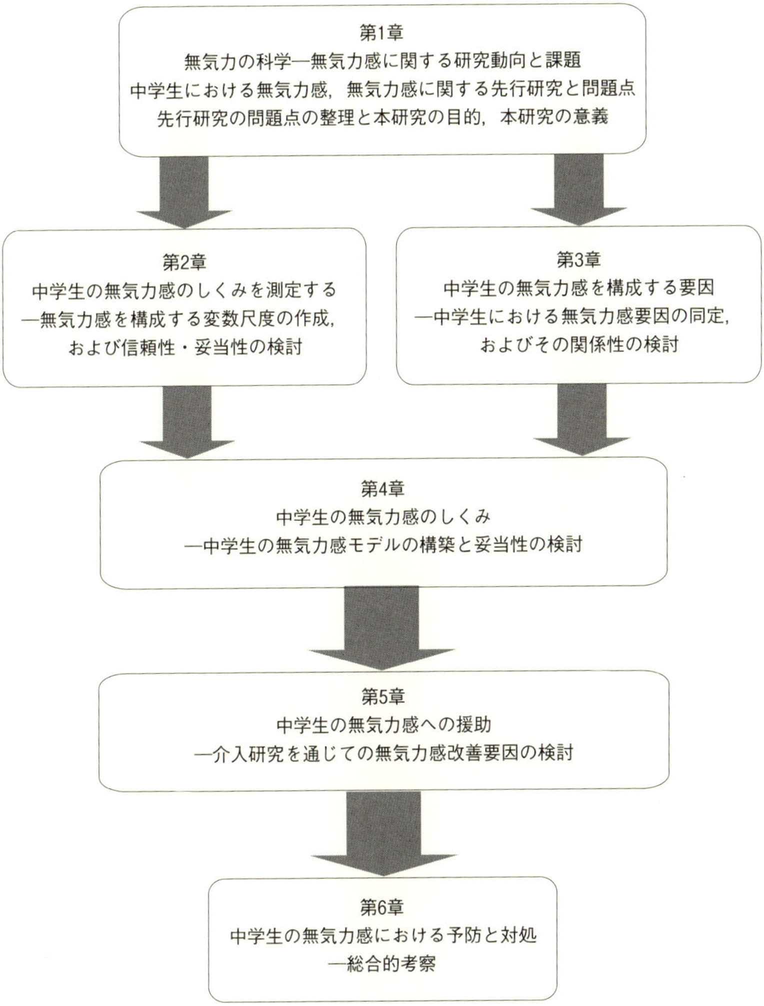

第1章
無気力の科学—無気力感に関する研究動向と課題
中学生における無気力感，無気力感に関する先行研究と問題点
先行研究の問題点の整理と本研究の目的，本研究の意義

第2章
中学生の無気力感のしくみを測定する
—無気力感を構成する変数尺度の作成，および信頼性・妥当性の検討

第3章
中学生の無気力感を構成する要因
—中学生における無気力感要因の同定，およびその関係性の検討

第4章
中学生の無気力感のしくみ
—中学生の無気力感モデルの構築と妥当性の検討

第5章
中学生の無気力感への援助
—介入研究を通じての無気力感改善要因の検討

第6章
中学生の無気力感における予防と対処
—総合的考察

Fig. 1-5-1　本研究の構成

第2章
中学生の無気力感のしくみを測定する──無気力感を構成する変数尺度の作成,および信頼性・妥当性の検討

本章の目的

　この章では中学生における無気力感のメカニズムを検討するために必要な,測定尺度の作成および信頼性・妥当性の検討を行うことを目的とする。まず本章・第1節では,改めて随伴性認知の無気力感の寄与度を検討するため,主観的随伴性認知を測定する尺度を作成し,その信頼性・妥当性を検討することとする。続いて本章・第2節では,中学生の無気力感を構成する新たな媒介変数として,中学生を対象としたコーピング・エフィカシーの測定尺度を作成し,その信頼性・妥当性を検討することとする。最後に本章・第3節では,さらなる無気力感の媒介変数として,中学生を対象とした推論の誤りを測定する思考の偏り尺度を作成し,その信頼性・妥当性を検討することとする。

第1節　中学生版・主観的随伴経験尺度の作成と信頼性・妥当性の検討〈研究1〉

本節の目的

　調査1で中学生における主観的随伴性認知(自分の行動で結果がコントロールできたかどうかに関する認知)を測定する項目を選定し,調査2で選定された項目をもとに「中学生版・主観的随伴経験尺度」の因子論的妥当性・内的整合性を検討し,調査3では作成した尺度の併存的妥当性を,調査4では再検査信頼性を検討することを目的とする。

〈調査 1〉 予備調査

【目　的】
　中学生の主観的随伴経験を測定する尺度作成のため，中学校の生活場面を反映した項目を収集・作成する。

【方　法】
1. 被調査者
　1999 年 6 月，埼玉県内の私立大学大学院で心理学を学ぶ大学院生 15 名を対象に，調査を行った。うち 15 名（男性 7 名，女性 8 名，平均年齢 =25.4 歳，$SD=2.59$，有効回答率 100％）の有効解答を得た。

2. 手続き
　心理学を学ぶ大学院生に，これまで自分の経験した随伴経験（自分の行動で結果がコントロールできた経験）・非随伴経験（自分の行動で結果がコントロールできなかった経験）について，学業関連・友人関係・家族関係・その他の 4 場面について，自由記述形式で調査を行った。

【結　果】
　調査の結果収集された項目を，中学生の生活に合う内容・表現に直し，その結果 4 場面・92 項目の随伴経験・非随伴経験項目を選定した。なお，項目ごとの内容・ワーディングを中学生に適したものであるかを公立中学校の教師にチェックしてもらった。

〈調査 2〉 本調査

【目　的】
　中学生版・主観的随伴経験尺度の因子論的妥当性・内的整合性を検討する。

【方　法】
1. 被調査者
　1999 年 7 月，茨城県内の公立中学校に通う中学生 447 名を対象に調査を行った。その結果，292 名（男子 135 名，女子 157 名，平均年齢 =13.41 歳，$SD=1.01$，有効回答率 =65.32％）の有効解答を得た。

2. 調査用紙

先の予備調査により収集・選定した 92 項目からなる質問紙を用いた。

3. 手続き

学年・性別・年齢のみ記述させ，無記名式で行った。回答方式は，「まったく経験したことがない：1」～「よく経験したことがある：4」の4件法であった。

【結果】

以下の手順で得られたデータの統計処理を行った。項目ごとのヒストグラムを視察し，1 項目に全体の 80% 以上回答が集中した 1 項目を除外した。残った項目で，項目分析・因子分析を行い，因子構造と内的整合性の検討を行った。

1. 項目分析

G-P 分析を用いて，総得点の上位・下位それぞれ 25% に含まれる者の項目ごとの得点について t 検定を行い，有意差が認められなかった 6 項目を除外した。

2. 因子分析

先の分布図の視察・項目分析の結果，不適切と判断された 7 項目を除外した 85 項目で，以下の手順で因子分析を行った。多重負荷を確認するため，主因子法オブリミン回転（斜交解）による因子分析を行ったところ，第 1 因子と第 2 因子との相関は $r=-.17$ であった。因子間の相関が低いため，今度は 40 項目で再び主因子法バリマックス回転（直交解）による因子分析を行った。その結果，先の因子分析と同様の構造を持つ，解釈可能な 2 因子が抽出された（Table 2-1-1）。

第 1 因子は「友人の悩みを聞いてあげたら，感謝された」といった，自発的な行動に対してその結果がコントロールできた認知を示す項目の因子負荷量が高いことから，「随伴経験」と命名した。また第 2 因子は「親に話しかけようとしたが，ちゃんと聞いてもらえなかった」といった，自発的な行動に対してその結果がコントロールできなかった認知を示す項目の因子負荷量が高いことから，「非随伴経験」と命名した。

3. 内的整合性（信頼性）の検討

信頼性係数として Cronbach の α 係数を算出した。各因子の α 係数は，第 1 因子は .91，第 2 因子は .88 であり，各因子ともに内的整合性が高いことが確認

Table 2-1-1 主観的随伴経験尺度（PECS）因子分析結果

		因子1	因子2	共通性
59	困っているとき友人に助けを求めたら，力になってくれた	.75	.09	.57
44	友人の悩みを聞いてあげたら，感謝された	.74	.16	.57
80	思いやりを持って他人に接していたら，友人が増えた	.73	.11	.55
83	友人とじっくりつき合ったら，お互いにわかりあえた	.73	.06	.53
70	友人のために自分のできることをしてあげたら，とても喜んでくれた	.71	.10	.52
39	とても悩んだときに親しい友人に相談したら，わかってもらえた	.70	.10	.51
42	親友と出会って，自分のことを好きになった	.64	.01	.41
87	積極的に話しかけたら，友達がたくさんできた	.63	.10	.41
31	自分を正直に出したら，友人がふえた	.63	.06	.40
85	特技などで自分がうまくできると，親は喜んでくれた	.63	.01	.39
86	はじめは苦手だと思っていた友人でも，時間をかけてつきあったら仲良くなれた	.60	.19	.39
43	つらいことがあったとき親に心を打ち明けたら，はげましたりなぐさめたりしてくれた	.54	.07	.30
27	特技で頑張ったら，親から期待された	.54	.11	.31
78	ちょっと気軽なおしゃべりがしたいとき，親が友達のように話し相手になってくれた	.54	-.02	.29
76	家族とはどんな話題でも，たいてい会話が弾む	.52	-.15	.30
91	友だちのためを思ってしたことが，逆に誤解された	.13	.66	.45
67	親切に接していたのに，いじわるなことをされた	-.00	.65	.42
35	自分は信用していたのに，友人が自分を信用してくれなかった	.05	.64	.42
56	先生を信用していたのに，期待を裏切られた	.17	.59	.37
64	友人と違う意見を言ったら，その友人の態度がよそよそしくなった	.13	.59	.36
71	友人に自分の大切にしているものを傷つけられた	.01	.59	.34
66	親に話しかけようとしたが，ちゃんと聞いてもらえなかった	-.04	.58	.34
50	頑張って勉強したのに，先生がちゃんと評価してくれなかった	.17	.58	.37
69	頑張って勉強していたら，友達からねたまれた	-.10	.58	.35
82	ふつうにしていたのに，仲間外れにされた	.02	.55	.31
63	友人に大事なものを貸してあげたが，返してもらえなかった	.06	.55	.31
53	特技などで自分がうまくできても，親はほめてくれなかった	.01	.53	.28
32	自分は悪いことをしていないのに，先生に疑われた	.02	.53	.28
65	自分でも直そうと努力しているのに，親から何度も悪いところを指摘された	.16	.52	.30
62	部活で自分なりに頑張っていたのに，先生に非難された	.14	.52	.29
	寄与率	23.95	14.81	
	累積寄与率	23.95	38.76	
	Cronbachのα係数	.91	.88	

【考　察】

　尺度項目を収集するにあたって既存の尺度から項目を援用しなかったのは，LOCのように，原因帰属と随伴性認知といった複数の要素が混在した項目ではなく，純粋に主観的な随伴経験を測定できる項目を選定することがねらいだったからである。

　予備調査の結果選定された92項目から，項目ごとのヒストグラムの視察，G-P分析によって7項目が除外され，残る85項目を因子分析にかけた。因子分析の結果，随伴経験因子と非随伴経験因子との2因子に分かれ，両因子は殆ど相関がないと考えられた。この結果は，随伴経験と非随伴経験とが一次元上でなく異なる次元にある可能性を示唆する。つまり，随伴経験が認知される主観的な量と非随伴経験が認知される主観的な量には相関関係がない可能性を示している。この結果から，随伴経験が般化して随伴性認知が高まると非随伴性認知が減少し，非随伴経験が般化して非随伴性認知が高まると随伴性認知が減少するといった，従来一次元的であった随伴・非随伴の概念に，新たな知見がもたらされたといえよう。

〈調査3〉　平行調査

【目　的】

　中学生版・主観的随伴経験尺度の併存的妥当性を検討する。また本調査の結果に基づき，学年差・性差の検討も行う。

【方　法】

1. 被調査者

　1999年10月～11月，東京都内の公立中学校に通う中学生1,148名を対象に調査を行った。その結果，1,012名（男子500名，女子512名，平均年齢=13.61歳，$SD=0.97$，有効回答率=88.15％）の有効解答を得た。

2. 調査用紙

　調査1で作成した中学生版・主観的随伴経験尺度と，平行調査として中学生用・一般性セルフ・エフィカシー尺度（嶋田, 1998），Y-G性格検査（中学校

用）・抑うつ項目とを合わせて実施した。

「中学生用・一般性セルフ・エフィカシー尺度」

中学生の特性的な自己効力を測定する尺度である。自己効力（セルフ・エフィカシー）は，ある結果を生み出すために必要な行動がどの程度うまく行うことができるかという個人の確信（坂野・東條, 1986）である。自己効力は，随伴性認知と相関があるとされるコントロール感と近似的概念で，非随伴性認知と相関があるとされる無気力感と逆概念だと考えられる。

「Y-G 性格検査（中学校用）・抑うつ項目」

Y-G 性格検査（矢田部ギルフォード性格検査）の中学校用のなかにある抑うつ項目（D 尺度）である。この項目は陰気で悲観的気分の程度を見る尺度とされている（高山, 1993）。そのため，非随伴性の認知によって喚起されるという無気力感に類似した概念と考えられる。

3. 手続き

学年・性別・年齢のみ記述させ，無記名式で行った。

【結　果】

1. 併存的妥当性の検討

尺度の併存的妥当性を検討するため，作成した尺度の第1因子と第2因子の因子別「下位尺度得点」と各平行調査の得点の間で，ピアソンの積率相関係数を求めた（Table 2-1-2）。その結果第1因子・随伴経験は，セルフ・エフィカシー尺度との間に $r=.42$（$p<.01$），抑うつ項目との間に $r=-.06$ という相関係数が得られた。また第2因子・非随伴経験は，セルフ・エフィカシー尺度との間に $r=-.16$（$p<.01$），抑うつ項目との間に $r=.40$（$p<.01$）という相関係数が得られた。この結果から，第1因子の下位尺度得点はセルフ・エフィカシーと正の有意な中程度の相関関係にあり，抑うつ項目とはほぼ無相関，第2因子の下

Table 2-1-2　PECS の平行調査結果

	随伴経験	非随伴経験
セルフ・エフィカシー	.42**	-.16**
Y-G 抑うつ項目	-.06	.40**

**$p<.01$

Table 2-1-3 PECSにおける，性別による下位尺度得点と標準偏差

	男子 (n=500)	女子 (n=512)
随伴経験	39.52 (8.69)	34.53 (8.45)
非随伴経験	29.93 (7.12)	30.93 (7.66)

位尺度得点は抑うつ項目と有意な中程度の相関が，セルフ・エフィカシーとは，極めて低い相関しかないことが示された。

2. 学年差・性差の検討

学年差を検討するために，各学年の平均得点をもとに，一要因の分散分析を行った。その結果，第1因子・随伴経験，第2因子・非随伴経験ともに，3学年間の得点に有意差は見られなかった。また性差を検討するために，男女それぞれの平均得点（Table 2-1-3）をもとにt検定を行った。その結果，第1因子・随伴経験において有意差が認められ（$t=(1010)=9.26, p<.01$），第2因子・非随伴経験においても有意差（$t=(1010)=2.16, p<.05$）が認められた。

3. 正規分布性の検討

第1因子・第2因子それぞれのヒストグラムを視察したところ，ほぼ正規分布していることが確認された。

【考　察】

第1因子・随伴経験はセルフ・エフィカシー尺度と有意な中程度の正の相関があるが，抑うつ項目との間にはほぼ無相関であることが明らかになり，第2因子・非随伴経験は，抑うつ項目との間には有意な中程度の相関があるが，セルフ・エフィカシー尺度とは有意であるが極めて低い相関しかないことが明らかになった。この結果から，セルフ・エフィカシー，抑うつといった概念が，随伴性および非随伴性とそれぞれ関連性を持つことが実証され，第1因子・第2因子ともに，ある程度の併存的妥当性が確認されたといえる。

第1因子とセルフ・エフィカシー尺度は有意な中程度な相関が認められたものの，抑うつ項目とはほぼ無相関という結果は，主観的に随伴経験が多いと感じている中学生は自己効力が高いが，主観的に随伴経験が余り多くないと感じているからといって，抑うつ度が高いわけでは必ずしもないということを示唆する。第2因子と抑うつ項目との間には有意な中程度の相関が見られたものの，

セルフ・エフィカシー尺度との間に有意ではあるが極めて低い相関しか認められなかったという結果は，主観的に非随伴経験が多いと感じている中学生は抑うつ度が高いが，主観的に非随伴経験が余り多くないと感じているからといって，自己効力が高いわけでは必ずしもないということを示唆する。この結果から，随伴経験・非随伴経験の 2 つの因子は一次元上の逆概念ではなく，全く独立した別の要因を測定しうる尺度項目であることが，新たに裏づけられた。

性差に関しては，第 1 因子・第 2 因子ともに有意差が認められた。第 1 因子は男女の平均値の差が 4.99 であり，第 1 因子の下位尺度得点の標準偏差が 8 以上であることを考え合わせても，有意差の判定に則ることが適当だと考えられる。そのため第 1 因子に関しては，得点の換算の際，男女別の平均を求め標準得点を算出する意義があると判断した。一方，第 2 因子は男女の平均値の差が 1.01 であり，第 2 因子の下位尺度得点の標準偏差が 7 以上であることを考え合わせると，男女の差は有意であっても，得点の換算の際，男女別の平均を求める意義はあまりないと思われる。そのため第 2 因子に関しては，男女別の平均を求めるのではなく，男女を合わせたものを 1 つの基準としても差し支えないと判断した。

〈調査 4〉 再検査の実施

【目　　的】

中学生版・主観的随伴経験尺度の再検査信頼性の検討を行う。

【方　　法】

1. 被調査者

東京都内の公立中学校に通う中学生を対象に，2000 年 2 月に第 1 回目 348 名，同年 3 月に 2 回目 353 名に調査を行った。2 回の調査を通じて回答した有効回答者合計 334 名（男子 169 名，女子 165 名，平均年齢 =13.94 歳，$SD=0.88$）を分析対象とした。

2. 調査用紙

中学生版・主観的随伴経験尺度を 2 回実施した。

3. 手続き

氏名・学年・クラス・出席番号・性別・年齢を記述させた。再検査は，1ヶ月の期間をあけて実施した。

【結果と考察】

尺度の再検査信頼性を検討するため，1回目と2回目の因子別「下位尺度得点」についてピアソンの積率相関係数，および95%信頼区間を求めた（Table 2-1-4）。その結果，第2因子はやや低かったものの，両因子とも許容できる信頼性があることがわかった。

Table 2-1-4 PECSにおける再検査信頼性係数

	信頼性係数（95%信頼性区間）
随伴経験	.84** 〔.80, .87〕
非随伴経験	.75** 〔.70, .79〕

**$p<.01$

第2節　中学生用コーピング・エフィカシー尺度の作成と信頼性・妥当性の検討〈研究2〉

本節の目的

中学生におけるコーピング・エフィカシー（ストレス事態における対処の自信）を測定する，「中学生用 コーピング・エフィカシー尺度」を作成し，その信頼性・妥当性を検討することを目的とする。調査1では因子論的妥当性・内的整合性を，調査2では再検査信頼性を，調査3では基準関連妥当性を検討する。

〈調査1〉

【目　的】

中学生用 コーピング・エフィカシー尺度の項目の収集・作成，および因子論的妥当性・内的整合性を検討する。

【方　法】

1. 予備調査

2001年2月，項目収集のため，東京都内の公立中学校に通う中学生96人（男子54名，女子42名，平均年齢=13.71歳，$SD=1.54$）を対象に，以下の調査を行った。勉強場面・友人関係・先生との関係・家族関係の4場面に関して，「あなたが中学校の○○場面で，うまくゆかないと思う時はどんなときですか？」「そのとき，うまくゆかなかった出来事に対して，どんなやり方をしましたか？」「そのやり方は，うまくゆきましたか？」の3点について，自由記述による回答を求めた。作成する尺度が，ストレス事態へのコーピング・エフィカシーを前提としているため，収集された項目群のうち中学生が「うまくいった」と回答した項目のみ選定した結果166項目が選出された。この166項目を一般的な表現に直し，心理学専攻の大学院生3名によって，KJ法に類した方法で項目の整理を行った。その後中学校教諭3名に項目に関してチェックを受け，内容・表現の2点に関して中学生にわかりにくいと思われる表現を一部修正した結果，勉強場面16項目，友人関係17項目，先生との関係14項目，家族との関係19項目，計66項目が選出された。

2. 被調査者

2001年7月，東京都内の公立中学校3校と，群馬県内の公立中学校1校の協力を得て，中学生1,123名を対象に調査を行った。その結果，961名（男子497名，女子464名，平均年齢=13.42歳，$SD=0.97$，有効回答率85.57％）の有効回答を得た。

3. 手続き

4場面・66項目に関して，「全然当てはまらない：1～よく当てはまる：4」の4件法にて回答を求めた。回答は学年・性別・年齢のみを記述させて行った。

【結　果】

まず，東京都内と群馬県内の中学生間で，地域による得点の分散に差がないかどうかを確認するため，地域を独立変数に一要因の分散分析を行った結果，有意差が認められなかった（$F_{(1, 959)}=0.205$, $n.s.$）。このことから，地域による回答の偏りはないことが確認されたため，以下の分析では，両地域のデータをまとめて用いることとした。

1. 項目分析

ヒストグラムを視察し，1つの選択肢に全体の80％以上の回答が集中した項目がないか検討したところ，該当する項目はなかったため，全66項目についてG-P分析を用いて，総合得点の上位・下位それぞれ25％に含まれる者の項目ごとの得点について t 検定を行い，有意差が認められなかった1項目を除外した。

2. 因子分析

G-P分析で不適切と判断された1項目を除外した65項目について，因子分析を行った。因子間相関が高いことが予想されたため，最尤法・オブリミン回転による因子分析を行った。その結果，解釈可能な3因子・計27項目が抽出された（Table 2-2-1）。第1因子は「努力しても成績が上がらなかったら，勉強のやり方を工夫することができる」といった勉強場面での項目に負荷量が大きいことから，「勉強におけるコーピング・エフィカシー」と命名した。また第2因子は「友だちとケンカをして話せなくなったら，手紙や電話などで連絡をとろうとすることができる」といった友人関係での項目に負荷量が大きいことから，「友人関係でのコーピング・エフィカシー」と命名した。第3因子は「先生に不満を感じても，先生を悪く思わないようにすることができる」といった，教師との関係での項目に負荷量が大きいことから，「教師との関係におけるコーピング・エフィカシー」と命名した。

Table 2-2-1　コーピング・エフィカシー尺度（CES）因子分析結果

		因子1	因子2	因子3	共通性
(28)	努力しても成績が上がらなかったら，勉強のやり方を工夫することができる	.694	.025	-.017	.455
(14)	授業がわからなくなったら，後で自分なりに勉強することができる	.683	-.036	.011	.413
※ (45)	授業がわからなくなっても，予習・復習をすることができない	.673	.094	.104	.485
(24)	勉強する時間があまりとれなくなったら，勉強の内容を整理することができる	.661	-.074	.016	.373
(33)	テストで悪い点をとったら，できなかった所を復習することができる	.646	.010	.004	.424
(47)	勉強がうまくはかどらなくなったら，時間を決めて勉強することができる	.634	.007	.044	.430

Table 2-2-1 コーピング・エフィカシー尺度（CES）因子分析結果（つづき）

項目				
(1) 勉強のやる気がわかなくなったら，楽しく勉強できるように工夫することができる	.590	.050	-.055	.348
(9) 勉強に関してあせりを感じたら，あせりを感じなくなるまで勉強することができる	.557	.058	-.007	.335
(49) 勉強しているのに親が認めてくれなかったら，もっと頑張って勉強することができる	.486	.057	.182	.395
(6) 先生に自分ができないことを指摘されたら，できるようになるまで努力できる	.479	.065	.216	.370
(16) テスト前に気持ちがあせって集中できなくなっても，自分のペースを大事にして勉強することができる	.432	.073	-.015	.289
(38) 授業がわからなくなったら，授業に集中するよう努力することができる	.417	.032	.191	.210
(20) 友だちとケンカをして話せなくなったら，手紙や電話などで連絡をとろうとすることができる	-.046	.678	-.075	.482
(21) 友だちとうまくゆかなかったら，話し合うことができる	-.046	.654	-.028	.400
(10) 友だちと仲が悪くなったら，仲直りしようと自分から声をかけることができる	-.070	.584	.026	.422
(54) 友だちとうまくゆかなかったら，他の人（友人・先生・親など）に相談することができる	-.036	.526	-.008	.262
(34) 友だちと話が合わなかったら，相手のことをいろいろ聞いてみることができる	.021	.492	.038	.322
(36) 友だちどうしで話の輪ができていても，自分から積極的に輪の中に入ることができる	.007	.463	-.033	.263
(50) 友だちとうまくゆかなくても，できるだけ明るくふるまうことができる	.005	.455	.026	.215
(61) 勉強のやる気がわかなくなったら，友だちと一緒に勉強することができる	.095	.436	.038	.210
(25) 友だちとうまくゆかなかったら，他の友だちをつくるよう努力できる	.064	.421	-.062	.189
(30) 授業がわからなくなったら，友達にノートを見せてもらうことができる	.145	.415	-.033	.243
(52) 友だちと意見が合わなかったら，相手に合わせることができる	-.033	.402	.139	.229
(41) 先生に不満を感じても，先生を悪く思わないようにすることができる	-.025	-.036	.608	.196
(18) 先生に不満を感じたら，我慢することができる	.016	-.057	.545	.349
(32) 先生におこられたら，自分の考え方を変えることができる	.087	.156	.534	.291
(62) 先生に悪い点を注意されたら，その点を直すよう努力できる	.336	.150	.409	.407
Cronbach の α 係数	.87	.79	.67	
因子間相関　因子 1		.38	.41	
因子 2			.25	

※は，逆転項目を示す。

3. 内的整合性の検討

Cronbach の α 係数を算出したところ，第 1 因子が α =.87，第 2 因子が α =.79，第 3 因子が α =.67 で，尺度全体の α 係数は α =.87 であった。

【考　察】

中学生用コーピング・エフィカシー尺度の因子論的妥当性と内的整合性を検討した結果，第 3 因子の α 係数は十分な値でなかったものの，その他の結果においては妥当性・信頼性が認められた。抽出された 3 因子における因子間相関は，第 1 因子・第 2 因子とは弱い相関（r=.38）が，第 1 因子・第 3 因子とは中程度の相関（r=.41）が，第 2 因子・第 3 因子とはあまり相関がない（r=.25），という結果となった。中学校生活においては場面に連続性があり，互いに影響しあっていることを考えると，特に場面的に連続性があると考えられる勉強場面因子と友人・先生との関係因子間においてそれぞれ相関が認められたことは，ある意味妥当な結果といえよう。また因子寄与率は，勉強場面におけるコーピング・エフィカシー因子の説明率が高いという結果となった。中学生を対象とした尺度作成の先行研究においても，一般性セルフ・エフィカシー尺度（嶋田，1998）では 12 項目中 6 項目が勉強関連の項目であり，学校ストレッサー尺度（嶋田，1998）でも学業因子が上位にきていることから，中学校生活のコーピング・エフィカシーにおいて，勉強場面における因子が最も大きな説明率となったことも，妥当な結果であると考える。一方，家族との関係項目が因子分析の過程で落ちてしまったことは，採用した因子分析方法の影響も考えられることから，本分析の結果からだけでは明確に議論できないと考える。

〈調査 2〉

【目　的】

中学生用コーピング・エフィカシー尺度の再検査信頼性を検討する。

【方　法】

1. 被調査者

2001 年 7 月と 10 月，東京都内の公立中学校 1 校の協力を得て，1 回目は 315 名，2 回目 281 名を対象に調査を行った。うち記入もれや記入ミスのあったも

のを除き，2回の調査を通じて回答した有効回答者219名（男子107名，女子112名，平均年齢=13.39歳，SD=0.94）を対象に分析を行った。

2. 手続き

中学生用コーピング・エフィカシー尺度を2回，3ヶ月の間隔をおいて実施した。回答は学年・クラス・出席番号・性別・年齢を記述させて，調査を実施した。

【結果と考察】

1回目調査と2回目調査における，コーピング・エフィカシー尺度の総合得点・下位尺度得点について，ピアソンの積率相関係数，および95%信頼区間を求めた（Table 2-2-2）。その結果，コーピング・エフィカシー総合得点・第1因子・第2因子における1回目・2回目調査との得点間において有意な高い相関が（r=.81, p<.01；r=.78, p<.01；r=.76, p<.01），第3因子においては有意な中程度の相関が認められた（r=.64, p<.01）。この結果から，本尺度の信頼性が実証された。

Table 2-2-2　CES における再検査信頼性係数

	信頼性係数	（95%信頼性区間）
総合得点	.81**	[.76, .85]
勉強における CE	.78**	[.72, .83]
友人関係での CE	.76**	[.70, .81]
教師との関係における CE	.64**	[.55, .71]

**p<.01

〈調査3〉

【目　的】

中学生用コーピング・エフィカシー尺度の基準関連妥当性を検討する。

【方　法】

1. 被調査者

2001年10月，東京都内の公立中学校1校の協力を得て，中学生184名（男子92名，女子92名，平均年齢=13.79歳，SD=0.93）を対象に調査を行った。一

方，行動評定者として，教職歴5年以上で調査対象の中学校に2年以上勤務している，中学校の1年生〜3年生を受け持つ担任教師7名（男性教師3名，女性教師4名）を対象に，生徒と同時期に，そのクラスの生徒の無気力感傾向に関する行動評定調査を依頼した。そして，担任教師に評定を求めた無気力感傾向行動得点の上位75パーセンタイル得点・下位25パーセンタイル得点をそれぞれ算出し，前者の得点以上に含まれる生徒を無気力感傾向高群とし，後者の得点以下に含まれる生徒を無気力感傾向行動低群とし，分析対象とした。

2. 指　標

生徒へは，調査1で作成した，中学生用コーピング・エフィカシー尺度を実施した。担任教師には，「学習場面・クラス活動・部活などで，積極的関与・やる気のある行動が見られない。例）授業中ほとんど聞いていない・クラス単位の活動に参加しない・教師の話しかけに応答しない」といった生徒の無気力感傾向行動に関する定義を教示し，「全く当てはまらない：1〜とてもよく当てはまる：5」の5段階で，行動評定を求めた。

3. 手続き

生徒への調査方法は，調査先の中学校において，教師に教示・調査用紙の配布を依頼した。また後に担任教師からの評定と照合するため，学年・クラス・出席番号・性別・年齢を記述させて実施した。一方，担任教師への調査は，調査先の中学校において本調査の趣旨に関する説明書と行動評定調査用紙を全クラス担任に配布し，任意に評定を求めた。そして，無気力感傾向に関する定義を説明した後，「先生の担任なさっているクラスの生徒さんの無気力感傾向に関して，下記の5段階評価で，該当する番号に○をおつけください」と教示した。なお調査用紙には，担任学年・担任クラス・担任教師の氏名を明記してもらった。

【結果と考察】

まず，各クラス担任に回答してもらった評定値の分散に違いがないかを確認するため，クラス担任を独立変数とした一要因の分散分析を行った結果，有意差が認められなかった（$F_{(6, 44)}=1.68, n.s.$）。このことから，クラス担任の違いによる評定の偏りはないことが確認された。そして，担任教師に評定を求めた無気力感傾向行動得点の上位・下位それぞれ25％に含まれる者を無気力

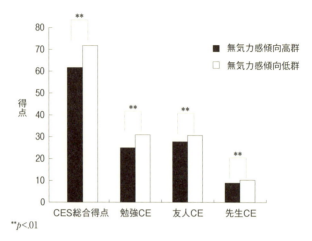

Fig. 2-2-1　無気力感傾向高低群による CES の得点差

感傾向行動高群・無気力感傾向行動低群とし，それぞれの群において生徒に回答を求めたコーピング・エフィカシー尺度の総合得点・下位尺度得点の平均得点・標準偏差を算出し，一要因の分散分析を行った（Fig. 2-2-1）。その結果，コーピング・エフィカシー尺度総合得点（$F_{(1, 182)}=31.79$, $p<.01$），第1因子（$F_{(1, 182)}= 35.92$, $p<.01$），第2因子（$F_{(1, 182)}= 11.15$, $p<.01$），第3因子（$F_{(1, 182)}=12.61$, $p<.01$）において，有意な群間差が認められた。この結果から，コーピング・エフィカシー尺度は高い基準関連妥当性を有していることが実証された。

第3節　中学生用・思考の偏り尺度の作成と信頼性・妥当性の検討〈研究3〉

本節の目的

　中学生用・思考の偏り尺度を作成し，尺度の信頼性・妥当性の検討を行う。調査1では因子論的妥当性・内的整合性を，調査2では併存的妥当性を，調査

3では再検査信頼性を検討する。

〈調 査 1〉

【目　　的】

中学生用・思考の偏り尺度の項目収集・作成，および因子論的妥当性・内的整合性を検討する。

【方　　法】

1. 予備調査

都内の公立中学校に通う，中学1年生〜3年生までの中学生106名に，勉強・友人関係・先生との関係・部活4場面において，(1) うまくいかないなぁ…と感じるときはどんなときですか？ (2) そのとき，心の中でどんな気分がしますか？ (3) そのとき，頭の中でどんなことを考えていますか？と教示し，自由記述形式で調査を行った。そして感情を反映する (2) の回答を除き，項目を整理した上で，心理学専攻の大学院生によって，Beck, Rush, Shaw, & Emery (1979) による体系的な推論の誤り（恣意的推論，選択的注目，過度の一般化，拡大解釈と過小評価，個人化，完全主義的・二分法的思考）に基づいて項目を分類した。その結果足りないカテゴリーであった個人化項目を足し，子ども専門の相談員による項目チェックを受け，合理的反応と判断された項目2項目を除き，最終的に勉強場面=16項目，友人関係=23項目，先生との関係=16項目，部活場面=10項目，計65項目の尺度原項目が選定された。

2. 被調査者

東京都内の公立中学校の協力を得て，中学校1年生〜3年生までの中学生456名（男子239名，女子217名，平均年齢=14.00歳，$SD=0.88$）の有効回答を得た。

3. 手続き

4場面・65項目に関して，「まったくそう思わない：1」〜「とてもそう思う：4」の4件法で回答を求めた。

【結　果】

1. 項目分析

ヒストグラムを見て，1つの選択肢に全体の80％以上の回答が集中した項目がないか検討したところ，該当する項目はなかったため，全65項目についてG-P分析を用いて，総合得点の上位・下位それぞれ25％に含まれる者の項目ごとの得点についてt検定を行い，全ての項目で有意差が認められた。

2. 因子分析

65項目すべてを主因子法・バリマックス回転による因子分析にかけた結果，解釈可能な4因子が抽出された（Table 2-3-1）。第1因子は「先生のいうことは，まったく信用できない」といった教師に対する項目に負荷量が高いことから「教師への偏った思考」，第2因子は「今から勉強しても絶対に無理だ」といった勉強に関する項目に負荷量が高いことから「勉強における偏った思考」，第3因子は「友達とは全て話が合わなくてはならない」といった友人に関する項目に負荷量が高いことから「友人関係における偏った思考」，第4因子は「他人がほめられると，自分はまったくだめなんだと思う」といった自責に関する項目に負荷量が高いことから「自己への偏った思考」とそれぞれ命名された。

3. 内的整合性の検討

Cronbachのα係数を算出したところ，第1因子が$\alpha=.90$，第2因子が$\alpha=.87$，第3因子が$\alpha=.80$，第4因子が$\alpha=.69$であった。

【考　察】

因子分析の結果，中学生における思考の偏りは，教師への偏った思考，勉強における偏った思考，友人関係における偏った思考，自己への偏った思考といった4因子に分かれた。成人を対象とした不合理な信念尺度では自己期待，問題回避，倫理的非難，内的無力感，依存，協調主義，外的無力感（松村，1991）といった因子に，非機能的態度尺度（DAS）では脆弱性，承認欲求，成功－完全主義，他者を喜ばせる欲求，義務，印象づけへの欲求，弱点明確化の回避，情動のコントロール，不承認－依存（Beck, Brown, Steer, & Weissman, 1991）といった因子に分かれることが確認されている。一方中学生を対象とした本研究においては，成人を対象とした研究に見られた思考内容ではなく，また尺度の原項目を選定する際に用いた体系的な推論の誤り（Beck et al., 1979）でもなく，

第3節 中学生用・思考の偏り尺度の作成と信頼性・妥当性の検討〈研究3〉

Table 2-3-1 思考の偏り（BTS）因子分析結果

	F1	F2	F3	F4
先生のいうことは，まったく信用できない	.79	.13	.01	.01
先生の考え方は，絶対まちがっている	.78	.15	.08	.00
先生はいつも，生徒の話など聞いていない	.77	.13	.05	.02
先生は，生徒のことなどまったく見ていない	.72	.23	.00	.02
先生はいつも，自分のストレス発散におこっているにちがいない	.68	.22	.12	.08
先生は自分と他の人をさべつしているにちがいない	.68	.17	-.02	.01
先生はいつも，自分の意見が一番と思っているにちがいない	.67	.08	.11	.07
先生はいつも，一方的に生徒のせいにする	.64	.07	-.03	-.05
今から勉強しても絶対にむりだ	.12	.81	.08	.09
いくら勉強をやってもむだだ	.17	.75	.17	.13
自分は頭が悪いので，やっても絶対できない	.08	.75	.10	.19
今から勉強しても絶対にわからない	.19	.73	.04	.14
自分で勉強することなんて，とてもできない	.18	.62	.04	.13
勉強でわからないことは，考える必要がない	.18	.55	.31	-.10
やる気のでない科目は，まったく勉強する必要がない	.26	.49	.10	-.10
うまく勉強するなんて，自分にはまったくできないにちがいない	.16	.48	-.06	.35
友達とは，すべて話が合わなくてはならない	.01	.08	.67	.07
話が合わないのは，すべて友達が自分に合わせてくれないせいだ	.00	.20	.66	.01
友達なのだから，おたがい話を合わせなければならない	.03	.01	.61	.11
友達はいつも自分に対して気を使うべきだ	.11	-.02	.58	.05
友達どうしは，意見がぶつかるようなことがあってはならない	.04	.16	.57	.02
親友は，いつも私と一番なかよくするべきだ	.04	.01	.56	.17
友達から反応がないのは，自分をバカにしているからだ	.05	.14	.54	.04
友達といる時には，いつも話題がなくてはならない	-.04	-.02	.44	.22
友達とうまくいかないのは，すべて自分のせいだ	-.02	.11	.15	.68
友達にうまく話が通じないのは，すべて自分のせいだ	-.01	.10	.06	.59
他人がほめられると，自分がまったくだめなんだと思う	.08	.06	.22	.56
他の人ができていることが，自分だけできないなんて自分は全然ダメだ	-.00	.10	.10	.52
寄与率	15.62	13.59	10.70	6.23
累積寄与率	15.62	29.22	39.91	46.14
α係数	.90	.87	.80	.69

対象となる物事で因子が分かれる結果となった。この結果が導かれた要因として，先行研究では場面を超えた信念に関する項目が扱われていた一方，本研究では中学生の学校生活場面を考慮した項目を扱うといった，項目水準の違いが反映された可能性が考えられる。また先行研究において，成人の否定的認知は複数の次元に分かれるが，思春期の子どもは否定的認知が未だ単次元であることが確認されていることから（Garber et al., 1993），成人は認知機能が分化しているため思考内容で分かれた可能性があるのに対して，思春期の子どもは成人に比べて認知機能の分化がまだ不十分であるため，より具体的な対象物で分かれた可能性も考えられる。このような諸要因を考慮すると，中学生を対象とした本調査における因子分析結果は，妥当な結果と考えられる。また尺度の内的整合性についてであるが，項目数の少ない第4因子が $\alpha=.69$ とやや低い数値であったものの，第1，第2，第3因子ともに $\alpha=.80$ 以上であり，ある程度の内的整合性が確認されたと考える。

〈調査2〉

【目　　的】
　中学生用・思考の偏り尺度の併存的妥当性を検討する。
【方　　法】
　1. 被調査者
　東京都内の公立中学校の協力を得て，中学校1年生～3年生までの中学生456名（男子239名，女子217名，平均年齢=14.00歳，SD=0.88）の有効回答を得た。
　2. 指　　標
　調査1で作成した中学生用・思考の偏り尺度と，平行調査として中学生用・一般性セルフ・エフィカシー尺度（嶋田, 1998），Y-G性格検査（中学校用）・抑うつ項目とを合わせて実施した。セルフ・エフィカシー尺度は，中学生の特性的な自己効力を測定する尺度であり，偏った信念と負の相関があるとされるコントロール感と近似的概念で，偏った信念と正の相関があるとされる無気力感と逆概念だと考えられる。抑うつ項目は，陰気で悲観的気分の程度を見る尺

度とされている（高山，1993）。先行研究でも，偏った信念と抑うつとの関係性が数多く指摘されていることから，構成概念上関連があると考えられる。

3. 手続き

教師に教示・調査用紙の配布を依頼し，学年・性別・年齢のみ記述させ，無記名式で行った。

【結果と考察】

尺度の併存的妥当性を検討するため，作成した尺度の因子別「下位尺度得点」と，セルフ・エフィカシー尺度・抑うつ項目得点の間で，ピアソンの積率相関係数を求めた（Table 2-3-2）。その結果，第1因子「教師への偏った思考」は，セルフ・エフィカシー尺度と抑うつ項目との間に，それぞれ有意な弱い相関が認められた（$r=-.33$, $p<.01$；$r=.20$, $p<.01$）。また第2因子「勉強における偏った思考」は，セルフ・エフィカシー尺度との間に有意な中程度の相関が（$r=-.62$, $p<.01$），抑うつ項目との間には有意な弱い相関（$r=.24$, $p<.01$）が認められた。一方第3因子「友人関係における偏った思考」は，セルフ・エフィカシー尺度と抑うつ項目との間に，それぞれ殆ど相関が認められなかった（$r=-.13$, $p<.01$；$r=.09$, $n.s.$）。第4因子「自己への偏った思考」は，セルフ・エフィカシー尺度との間に殆ど相関が認められず（$r=-.13$, $p<.01$），抑うつ項目との間に有意な中程度の相関が認められた（$r=.40$, $p<.01$）。セルフ・エフィカシー尺度，抑うつ項目ともに，思考の偏りと構成概念上関係性があると考えられる変数であることから，下位尺度においては第3因子以外，いずれかの尺度と正負の$r=.30$以上の有意な相関が認められたことから，ある程度の併存的妥当性が認められたと考える。第3因子の数値が低かった理由として，因子そ

Table 2-3-2　BTSの併存的妥当性結果

	セルフ・エフィカシー	Y-G 抑うつ
教師への偏った思考	-.33**	.20**
勉強における偏った思考	-.62**	.24**
友人関係における偏った思考	-.13**	.09
自己への偏った思考	-.13**	.40**

**$p<.01$

のものがこれらの変数と関係性が弱いということと，他因子と説明する部分が重なっているため相対的に数値が低くなっているという2つの可能性が考えられる。今後，構成概念上に関係があると考えられる他の尺度とのデータを蓄積し，いずれの可能性が高いのかどうか，検討する必要があると考える。

〈調査3〉

【目　的】
中学生用・思考の偏り尺度の再検査信頼性を検討する。

【方　法】

1. 被調査者
埼玉県内の公立中学校の協力を得て，2回の調査を通じて回答した，中学校1年生～3年生までの有効回答者 1,055名（男子 528名，女子 527名，平均年齢=13.00歳，SD=0.90）を対象に分析を行った。

2. 手続き
中学生用・思考の偏り尺度を2回，同じ被調査者に対して，2ヶ月の間隔をおいて実施した。なお1回目と2回目の回答を照合するため，学年・クラス・出席番号・性別・年齢を記述させて調査を実施した。

【結果と考察】
1回目調査と2回目調査における，思考の偏り尺度の下位尺度得点について，ピアソンの積率相関係数，および95%信頼区間を求めた（Table 2-3-3）。その結果，第1因子における1回目・2回目調査との得点間において有意な高い相

Table 2-3-3　BTSにおける再検査信頼性係数

	信頼性係数（95%信頼性区間）
教師への偏った思考	.72** 〔.69, .75〕
勉強における偏った思考	.69** 〔.65, .72〕
友人関係における偏った思考	.61** 〔.57, .65〕
自己への偏った思考	.69** 〔.65, .72〕

**$p<.01$

関が（$r=.72, p<.01$），第2・第3・第4因子においては有意な中程度の相関が（$r=.69, p<.01$；$r=.61, p<.01$；$r=.69, p<.01$）それぞれ認められた。先行研究において抑うつスキーマ→推論の誤り→自動思考→抑うつ症状といったモデルが検証されており（Ito et al., 2001），本尺度が採用した「推論の誤り」は，特性と定義される抑うつスキーマと状態と定義される自動思考とを媒介する位置にあることが実証されている。こうしたことから本調査において認められた $r=.61$ ～.72 といった数値は，特性である抑うつスキーマを測定する尺度ほどの高い安定性はないものの，ある程度の安定性が推測されることから，構成概念的観点からも妥当な結果と考えられる。

第4節 本章のまとめ

　第1節では中学生版・主観的随伴経験尺度を作成し，信頼性・妥当性を検討した結果，因子論的妥当性・内的整合性・併存的妥当性・再検査信頼性が認められた。この結果，中学生版・主観的随伴経験尺度は十分な信頼性と妥当性を有していることがわかった。本調査における因子論的妥当性の検討で，従来一元的に考えられることが多かった随伴経験と非随伴経験とが，個人の認知内ではほぼ無相関で互いに独立しているということが示された。従来のオリジナル・改訂の両LHモデルは，動物および人における実験研究の知見から派生した理論モデルであり，要因のより純度の高い効果を抽出するという実験研究における便宜上，変数を単純化するため，非随伴経験のみの喚起を前提としたLH実験が主だった。こうした実験研究の意義は十分に認めるものの，その反面，現実場面における随伴・非随伴経験の相互作用についてまでは論議・実証されることがなかった。また，抑うつ素質のモデル，非随伴経験へのコーピング・ストラテジーの一環として，原因帰属といった新たな認知的媒介変数に研究が集中した。その結果，非随伴経験・随伴経験双方を含めた「随伴性認知」そのもののメカニズムの解明が，進められていないのが現状である。こうしたことから，第1節の本調査において，従来「無気力感喚起モデル」において殆ど取り上げられてこなかった随伴経験因子が見出され，非随伴経験の因子とほぼ独立しているという関係性が見出されたことは，意義ある結果といえよう。

なお中学生の随伴経験・非随伴経験の相互作用の示唆という点においては藤田（1993）が，効力感向上操作による学習性無力感の消去効果を検討する実験的研究を行っている。藤田は，解決不可能課題によって中学生の被験者に対してLHを喚起した後，効力感を向上させるリカバリーセッションを設けた。そして向上操作群が統制群に比べて，事後テストにおける課題遂行正答率が有意に上昇したとの結果を得ている。こうした実験的研究において喚起される状態的・操作的随伴性の知見は，臨床場面で多く扱われる特性的な随伴性認知とは違ったものと考えられるが，非随伴経験・随伴経験の相殺効果といった相互作用的な観点を提示した点において，興味深い研究といえる。しかし，この実験においても随伴経験・非随伴経験を単一次元的なものとして実験手続きが組まれている点で，従来のLHモデルを踏襲しているといえる。実験と調査といった手法の違いがあるものの，第1節の平行調査の結果，本研究では，随伴経験はセルフ・エフィカシーと非随伴経験は抑うつ項目と中程度の相関が認められ，セルフ・エフィカシーと抑うつ項目は相関そのものが認められなかった。これは因子分析の結果と同様に，随伴経験と非随伴経験が一次元的な概念ではなく，独立した概念として個人のなかに存在している可能性を示すものと考えられる。今後はこの結果を踏まえて，随伴経験と非随伴経験の般化効果が，それぞれ抑うつや無気力感，セルフ・エフィカシーに与える影響を検討する必要がある。また作成した尺度は，中学生にも理解しやすい具体的な経験を問う項目を用いて，個人内過程と考えられる「随伴性認知」に関する情報を得られるといった利点があると考える。その一方，限られた項目数で必ずしも個々の中学生の随伴経験を反映しきれない可能性が考えられること，また「行動と結果の随伴性」を測定するという性質上，1つの項目に「行動」と「結果」といった2つの情報が盛り込まれダブルバーレルの問題が不可避なことなど，質問紙尺度によって随伴性認知を測定する試みの限界点もあったと考える。今後はこうした問題点を克服するためにも，新たな調査方法の開発が望まれる。

続いて第2節では，中学生用コーピング・エフィカシー尺度を作成し，信頼性・妥当性を検討した結果，因子論的妥当性・内的整合性・再検査信頼性，および基準関連妥当性が認められた。この結果，作成されたコーピング・エフィカシー尺度は十分な信頼性と妥当性を有していることがわかった。第2節・調

査3では，担任教師による生徒への無気力感傾向行動に関する行動評定を実施し，尺度総合得点・第1因子・第2因子・第3因子ともに，無気力感傾向行動高群・無気力感傾向行動低群において有意差が認められた。このことは，コーピング・エフィカシー尺度の総合得点および下位尺度得点と客観的に観察される無気力感傾向行動との高い関連性を示す結果であり，本尺度の使用によって生徒の無気力感傾向行動を予測できたり，逆に本尺度の得点から生徒の無気力感傾向行動を予測できる可能性が示されたとも考えられ，実際の学校現場において教師が指導等に生かせる実用可能性が示唆されたともいえる。

そして続く第3節では，中学生用・思考の偏り尺度を作成し，信頼性・妥当性を検討した結果，因子論的妥当性・内的整合性・併存的妥当性・再検査信頼性が認められた。この結果，本尺度は十分な信頼性と妥当性を有していることがわかった。作成された思考の偏り尺度は，従来の非機能的態度尺度・不合理信念尺度などスキーマを測定する尺度に比べて，中学生の具体的な学校生活場面を考慮した項目構成を持つ測定尺度となった。従来の尺度が信念体系を測定する前提で作成されていたため，一般化・抽象度が高い項目で構成された結果，中学生が回答する際その生活経験を反映しにくいという難点があったが，本尺度の項目構成はその点が改善されと考える。また第3節の調査3で2ヶ月の期間をおいて尺度の再検査の検討を行ったが，下位尺度別の結果は $r=.61 \sim .72$ ($p<.01$) と全体的にそれほど高い数値ではなかった。このことは，思考の偏り尺度が安定性にやや疑問が残る結果といえる一方，比較的安定しているものの可変性も認められるといった観点から考えると，中学校現場で援助する際に，実際動かしうる変数としての可能性も示されたと考える。こうしたことから，抑うつの脆弱性（Beck et al., 1991）と関係しているとされる抑うつスキーマではなく推論の誤りを援用したことは，病理水準ではない一般的な中学生における無気力感を検討する上で有効であると考える。

第3章
中学生の無気力感を構成する要因——中学生における無気力感要因の同定，およびその関係性の検討

本章の目的

　本章では，第1章で作成した無気力感を構成すると考えられる随伴経験，非随伴経験，コーピング・エフィカシー，思考の偏りといった各変数尺度を用いて，以下のことを検証する。まず第1節では，随伴経験・非随伴経験が中学生の無気力感にどのような影響を及ぼしている可能性があるのかを検討する。第2節では，随伴経験・非随伴経験に加えてコーピング・エフィカシー，思考の偏り下位尺度といった変数が無気力感とどのような関係にあり，また各媒介変数間でどのような因果関係が存在する可能性があるのかを検討する。第3節では，2時点での測定データを用いて，中学生の無気力感が上昇・下降する際に各媒介変数がどう変動をするのかを明らかにすることで，無気力感を構成する変数としての随伴経験，非随伴経験，コーピング・エフィカシー，思考の偏りの妥当性を検証する。

第1節　主観的随伴経験が中学生の無気力感に及ぼす影響〈研究4〉

〈調査1〉

【目　的】

　第2章・第1節で作成した，中学生版・主観的随伴経験尺度を用いて，不登校の中学生および在学している中学生に調査を行い，主観的随伴経験が不登校の中学生に及ぼす影響を検討する。

【方　法】

1. 被調査者

不登校群：東京都内の教育相談所・適応指導教室・通級学級・相談施設等に通う不登校の中学生32名（男子13名，女子19名，平均年齢＝13.72歳，$SD=0.68$）。登校群：不登校でない中学生1,012名（男子500名，女子512名，平均年齢＝13.61歳，$SD=0.97$）。

2. 調査用紙

第2章・第1節にて作成した，中学生版・主観的随伴経験尺度を実施した。

3. 手続き

1999年11月～2001年2月，現場の指導員・教師に教示・質問紙の配付を依頼し，回答は学年・性別・年齢のみを記述させ，無記名式で行った。

【結果と考察】

まず不登校群32名と登校群1,012名に関して，等分散性の検定を行ったところ，第1因子では等分散性が認められず，第2因子では等分散性が認められた。そこで，各群の平均値（Table 3-1-1）について，第1因子に関しては等分散性を仮定しないt検定を，第2因子に関しては等分散性を仮定するt検定をそれぞれ行った。その結果，両因子いずれにおいても，不登校群・登校群の得点に有意差が認められなかった。つまり，不登校の中学生とそうでない中学生とは，自分の行動で結果をコントロールできたという随伴経験においても，自分の行動で結果をコントロールできなかったという非随伴経験においても，主観的には経験している程度に差があるとはいえないという結果であった。

この結果は，不登校群の生徒たちが，教育相談所および適応指導教室などに通うことによって，その施設の指導員より何らかの正の強化を得ている効果から，登校群の生徒との差が出なかったという要因が考えられる。その一方，登

Table 3-1-1　不登校・登校群の下位尺度得点と標準偏差

	不登校群（$n=32$）	登校群（$n=1012$）
随伴経験	48.45（7.52）	48.74（11.57）
非随伴経験	48.80（10.62）	49.96（9.90）

※得点は標準得点による。

校している生徒たちも不登校の生徒たちと同程度に「随伴経験の欠如」や「非随伴経験の多さ」などを抱えている可能性も示唆された。このことから，不登校をはじめとした学校不適応行動を予防する観点から，登校している生徒たちの「随伴経験の欠如」や「非随伴経験の多さ」と無気力感の関係について，検討する余地が示唆されたとも考えられる。さらにこの結果を随伴性認知の無気力感への説明力といった観点から考えると，無気力感という現象が随伴経験・非随伴経験という変数だけでは十分説明できない可能性も示していると考えられる。今後は，中学生の無気力感のメカニズムを構成する新たな媒介変数の同定と，その検証が望まれる。

〈調査2〉

【目　的】

　調査1の結果から，登校している中学生も不登校の中学生と同程度に「随伴経験の欠如」や「非随伴経験の多さ」を抱えている可能性が示唆された。学校不適応行動の予防的観点から，「随伴経験の欠如」や「非随伴経験の多さ」が中学生一般の無気力感に及ぼす影響を検討するため，登校している中学生の観察された無気力感傾向とその生徒の主観的な随伴経験との関連を検討する。

【方　法】

1. 被調査者

　回答者：2001年10月，東京都内の公立中学校の協力を得て，中学生184名（男子92名，女子92名，平均年齢=13.79歳，SD=0.93）を対象に分析を行った。評定者：2001年10月，教職歴5年以上で調査対象の中学校に2年以上勤務している，中学1年生～3年生を受け持つ教師7名（男性教師3名，女性教師4名）を対象に，その担任の生徒に関して行動評定調査を依頼した。

2. 調査用紙

　生徒への調査用紙：中学生版・主観的随伴経験尺度を実施した。

　担任教師による行動評定：無気力感傾向に関して，「全く当てはまらない：1」～「とてもよく当てはまる：5」の5段階評定を求めた。また評定項目の妥当性確認のため，生徒が回答した無気力感尺度（笠井・村松・保坂・三浦，

1995）と相関係数を算出したところ，$r=.49$（95%CI：.37〜.59）であった。

3. 手続き

生徒への調査は，担任教師からの評定と照合するため，学年・クラス・出席番号・性別・年齢を記述させた。一方，担任教師への調査は，調査先の中学校において本調査の趣旨に関する説明書と行動評定調査用紙を全クラス担任に配布し，任意に評定を求めた。そして，無気力感傾向に関する定義（学習場面・クラス活動・部活などで，積極的関与・やる気のある行動が見られない。例：授業中ほとんど聞いていない，クラス単位の活動に参加しない，教師の話しかけに応答しないなどの行動）を説明した後，「先生の担任なさっているクラスの生徒さんの無気力感傾向に関して，5段階評価で，該当する番号に○をおつけください」と教示した。なお調査用紙は，担任学年・クラス・氏名を記名式で実施した。

【結　果】

担任教師に評定を求めた無気力感傾向の総合得点の上位・下位それぞれ25%に含まれる者を無気力感高群（$n=72$）・無気力感低群（$n=112$）とし，それぞれの群において，生徒に回答を求めた主観的随伴経験尺度の因子別「下位尺度得点」の平均得点を算出し，一要因（無気力感傾向の高低）の分散分析を行った（Fig. 3-1-1）。なお，各クラス担任の評定に偏りがないかを確認するため，各群ごとにクラス担任を独立変数とした分散分析を行った結果，有意差が認められなかった。このことから，各群においてクラス担任の違いによる評定

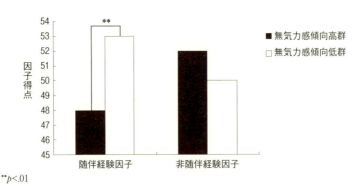

**p<.01

Fig. 3-1-1　無気力感傾向の高低によるPECS得点差

第1節　主観的随伴経験が中学生の無気力感に及ぼす影響〈研究4〉

の偏りはないことが確認された。分散分析の結果，第1因子の下位尺度得点において有意な群間差が認められた（$F(1,182)=13.79, p<.01$）。一方，第2因子の下位尺度得点においては，群間に有意差が認められなかった。第1因子の結果に関して優先率を算出したところ，.66であった。この結果から，無気力感傾向の高い群は低い群に比べて，随伴経験得点が低いことが示された。

【考　察】

　本調査では，登校している中学生の無気力感と随伴経験・非随伴経験との関連を検討した。その結果，担任教師によって無気力感傾向が高いと評定された生徒と低いと評定された生徒がそれぞれ回答した第1因子・随伴経験得点において有意差が認められた。このことは，無気力感傾向の高い中学生群は低い中学生群に比べると，主観的な随伴経験が少ないことを示している。この結果から，中学生の無気力感は「やってもうまくゆかない」といった非随伴経験の多さというよりも，「やってみたらうまくいった」といった随伴経験の少なさに起因する可能性が示された。本調査で主観的な随伴経験の少なさを補うことで無気力感を予防することができる可能性が示されたことは，社会的・発達段階的要因から無気力感に陥りやすいと考えられる中学生への，介入方法を検討する一助になると考えられる。主観的な随伴経験が少ない要因として，自発行動そのものの欠如による経験の絶対量の少なさ・随伴性認知そのものの問題等があるが，これらはそれぞれ，中学生の無気力感の要因と考えられる，目的の喪失という社会的要因と，随伴性認知の現実化という発達段階の要因とに対応していると考えられる。このことから，今後それぞれの要因がどう随伴経験に関係しているかを検討することが，現場での具体的な介入研究につなげてゆく上でも必要であろう。本調査で，非随伴経験が無気力感を生み出すという従来のLH理論に加えて，随伴経験の少なさからも無気力感が生み出される可能性が示されたことは，意義あることと考える。今後中学生の無気力感のメカニズムをより構造化するために，本研究で検証された「随伴経験の少なさ」「非随伴経験の多さ」といった2つの無気力感の経路を前提にした，それぞれの経路を媒介する変数の同定およびそのモデルの検証が望まれる。

第2節　無気力感を構成する要因の検討〈研究5〉

〈調査1〉

【目　的】

　無気力感を構成する要因を同定するため，随伴経験，非随伴経験，コーピング・エフィカシー，思考の偏り各下位因子と無気力感との関係性を検討し，また無気力感モデルを構築するために，構成要因間の関係性も検討する。

【方　法】

1. 被調査者

　埼玉県内の公立中学校の協力を得て，中学校1年生～3年生までの有効回答者 1,055 名（男子 528 名，女子 527 名，平均年齢 =13.00 歳，$SD=0.90$）を対象に分析を行った。

2. 指　標

　無気力感尺度（笠井ら，1995），第2章で作成した，中学生版・主観的随伴経験尺度，中学生用 コーピング・エフィカシー尺度，中学生用・思考の偏り尺度を実施した。

Table 3-2-1　無気力感と他変数の積率相関係数

	随伴経験	非随伴経験	コーピング・エフィカシー	教師への偏った思考	勉強における偏った思考	友人関係での偏った思考	自己への偏った思考
随伴経験	—	.06	.56**	-.09**	-.27**	-.03	-.08**
非随伴経験	.04	—	-.08**	.48**	.30**	.37**	.48**
コーピング・エフィカシー	.56**	-.08**	—	-.25**	-.43**	-.07*	-.15**
教師への偏った思考	-.11**	.48**	-.25**	—	.40**	.35**	.34**
勉強における偏った思考	-.25**	.30**	-.43**	.40**	—	.40**	.48**
友人関係での偏った思考	-.02	.38**	-.70*	.35**	.40**	—	.49**
自己への偏った思考	-.07*	.48**	-.15**	.34**	.48**	.49**	—
無気力感	-.49**	.28**	-.58**	.30**	.61**	.24**	.35**

*$p<.05$, **$p<.01$

3. 手続き

教師に教示・調査用紙の配布を依頼し，調査を実施した。

【結果と考察】

まず無気力感を構成すると考えられる各変数と無気力感の関係性を検討するため，随伴経験，非随伴経験，コーピング・エフィカシー，および思考の偏り各下位尺度と，無気力感尺度とのピアソンの積率相関係数を算出した（Table 3-2-1）。その結果，無気力感といずれの指標とも有意な相関が確認された。随伴経験，コーピング・エフィカシーとは中程度の有意な負の相関が（$r=-.49$, $p<.01$；$r=-.56$, $p<.01$），勉強における偏った思考とは有意な中程度の正の相関が認められた（$r=.61$, $p<.01$）。また非随伴経験，教師への偏った思考，友人関係での偏った思考，自己への偏った思考とは，弱い有意な正の相関が認められた（$r=.28$, $p<.01$；$r=.30$, $p<.01$；$r=.24$, $p<.01$；$r=.35$, $p<.01$）。こうしたことから，いずれの指標も，無気力感とある程度の関連性があることが示唆された。特に，随伴経験，コーピング・エフィカシー，勉強における偏った思考の3変数は相関係数値も高く，無気力感の構成により直接的な影響を与えている可能性が示されたといえる。

続いて，無気力感以外の各指標間の関係性に関して検討する。随伴経験と他の指標との関係性については，コーピング・エフィカシーと有意な中程度の正の相関が認められ（$r=.56$, $p<.01$），勉強における偏った思考とは有意な弱い負の相関が認められたものの（$r=-.25$, $p<.01$），非随伴経験，教師への偏った思考，友人関係での偏った思考，自己への偏った思考とは殆ど相関が認められなかった。また非随伴経験と他の指標との関係性については，教師への偏った思考と自己への偏った思考とは中程度の有意な正の相関が認められ（$r=.48$, $p<.01$；$r=.48$, $p<.01$），勉強における偏った思考と友人関係での偏った思考とは弱い有意な正の相関が認められたが（$r=.30$, $p<.01$；$r=.38$, $p<.01$），コーピング・エフィカシーとは殆ど相関が認められなかった。またコーピング・エフィカシーと思考の偏り各下位尺との関係性については，友人関係での偏った思考と自己への偏った思考とは殆ど相関が認められなかったものの，教師への偏った思考と勉強における偏った思考とは，それぞれ有意な負の相関が認められた（$r=-.25$, $p<.01$；$r=-.43$, $p<.01$）。こうした結果を総合すると，随伴経験とコーピング・

エフィカシー，非随伴経験と思考の偏り各下位尺度，コーピング・エフィカシーと教師への偏った思考・勉強における偏った思考といった関係性が，中学生における無気力感構造の基軸になっている可能性が示唆されたと考えられる。

〈調査2〉

【目　的】
　調査1で同定された無気力感を構成すると考えられる変数間に，随伴経験，非随伴経験（time1）→コーピング・エフィカシー，思考の偏り各下位因子（time2）→無気力感（time3）といった時間的流れを想定し，その妥当性を検討する。

【方　法】
　1. 被調査者
　埼玉県内の公立中学校の協力を得て，3回の調査を通じて回答した，中学校1年生～3年生までの中学生456名（男子236名，女子220名，平均年齢＝13.07歳，SD=0.88）を対象に分析を行った。

　2. 手続き
　無気力感尺度（笠井・村松・保坂・三浦, 1995），中学生版・主観的随伴経験尺度，中学生用 コーピング・エフィカシー尺度，中学生用・思考の偏り尺度を，2004年5月（time1）・7月（time2）・12月（time3）に3回合わせて実施した。なお回答を照合するため，学年・クラス・出席番号・性別・年齢を記述させて調査を実施した。

【結果と考察】
　随伴経験，非随伴経験（time1）→コーピング・エフィカシー，思考の偏り各下位因子（time2）→無気力感（time3）といった時間的流れの妥当性を検討するため，3時点でとったデータをもとに，随伴経験（time1），非随伴経験（time1），コーピング・エフィカシー（time2），思考の偏り各下位因子（time2）を独立変数，無気力感（time3）を従属変数として，重回帰分析を行った（Table 3-2-2）。その結果，随伴経験，非随伴経験，コーピング・エフィカシー，勉強における偏った思考，そして友人関係での偏った思考において有意な標準偏回

Table 3-2-2 時間的要因を入れた無気力感への重回帰分析結果

R (R²)		無気力感 (time3) .71** (.50**)	
		β	(単相関)
随伴経験	(time1)	−.20	(−.45)**
非随伴経験	(time1)	.13	(.27)**
コーピング・エフィカシー	(time2)	−.31	(−.58)**
教師への偏った思考	(time2)	−.03	(.35)
勉強における偏った思考	(time2)	.28	(.55)**
友人関係での偏った思考	(time2)	.09	(.34)**
自己への偏った思考	(time2)	.06	(.38)

**$p<.01$

帰係数が得られた。こうしたことから，随伴経験，非随伴経験（time1）→コーピング・エフィカシー，思考の偏り各下位因子（time2）→無気力感（time3）といった時間的流れを想定することの妥当性が示唆されたといえる。またこの結果，随伴経験，非随伴経験，コーピング・エフィカシー，勉強における偏った思考，友人関係での偏った思考は，将来の無気力感と直接的に関与している可能性が示されたと考える。その一方，教師への偏った思考と自己への偏った思考においては有意な値が得られなかった。このことから，教師への偏った思考と自己への偏った思考においては，何らかの媒介変数を経て間接的に無気力感に関与している可能性も考えられる。

第3節　無気力感上昇群・下降群別による構成要因の変化〈研究6〉

【目　的】

　無気力感が上昇・下降する際，随伴経験，非随伴経験，コーピング・エフィカシー，思考の偏り各下位因子がどのように変動をするのかを，2時点での調査を通じて検討する。

【方　法】

1. 被調査者

埼玉県内の公立中学校の協力を得て，中学校1年生～3年生までの有効回答者239名（男子128名，女子111名，平均年齢=13.10歳，SD=0.88）を対象に分析を行った。

2. 手続き

無気力感尺度（笠井ら，1995），中学生版・主観的随伴経験尺度，中学生用コーピング・エフィカシー尺度，中学生用・思考の偏り尺度を，2004年5月（time1）と2005年3月（time2）に実施した。そしてこの期間における無気力感の上昇が上位25％に入る群をLH上昇群（N=113），無気力感の下降が上位25％に入る群をLH下降群（N=126）として分析を行った。

【結果と考察】

無気力感が上昇・下降する際，どのように無気力感を構成する変数が変動するのかを確認するため，各指標のtime1とtime2における平均値を算出し，LH上昇群（n=113）・LH下降群（n=126）別にt検定を行った（Table 3-3-1；Table 3-3-2）。その結果無気力感上昇群では，随伴経験，コーピング・エフィカシーにおいて，得点が有意に減少していることが確認された（t〔112〕=2.14；t〔112〕=5.68，いずれもp<.01）。加えて，非随伴経験，教師への偏った思考，勉強における偏った思考，友人関係での偏った思考，自己への偏った思考では，得点が有意に増加していることが確認された（t〔112〕=4.67；t〔112〕

Table 3-3-1　無気力感上昇群（n=113）における各指標の変動

	Time1	Time4	t値	
随伴経験	39.18 (8.27)	37.78 (8.22)	2.14**	↓
非随伴経験	30.36 (7.75)	33.26 (8.24)	4.67**	↑
コーピング・エフィカシー	44.21 (6.40)	40.03 (7.28)	5.68**	↓
教師への偏った思考	12.95 (4.46)	17.23 (5.64)	8.63**	↑
勉強における偏った思考	12.99 (4.12)	15.25 (4.12)	5.23**	↑
友人関係での偏った思考	12.96 (3.02)	14.30 (3.80)	3.83**	↑
自己への偏った思考	7.43 (2.26)	8.004 (2.21)	2.63**	↑

**p<.01

第3節 無気力感上昇群・下降群別による構成要因の変化〈研究6〉

Table 3-3-2 無気力感下降群（n=126）における各指標の変動

	Time1	Time4	t値	
随伴経験	37.98 (8.84)	41.87 (9.31)	5.99**	↑
非随伴経験	29.89 (8.11)	28.57 (7.73)	2.40**	↓
コーピング・エフィカシー	41.65 (8.32)	43.75 (8.32)	3.64**	↑
教師への偏った思考	14.05 (5.32)	14.24 (6.05)	.42	
勉強における偏った思考	13.94 (4.63)	12.50 (3.79)	4.52**	↓
友人関係での偏った思考	13.30 (3.73)	12.21 (4.13)	3.17**	↓
自己への偏った思考	7.83 (2.59)	6.95 (2.52)	4.37**	↓

**$p<.01$

$=8.63 ; t〔112〕=5.23 ; t〔112〕=3.83 ; t〔112〕=2.63$，いずれも $p<.01$）。

一方無気力感下降群では，随伴経験，コーピング・エフィカシーにおいて，得点が有意に増加していることが確認された（$t〔125〕=5.99 ; t〔125〕=3.64$，いずれも $p<.01$）。加えて，非随伴経験，勉強における偏った思考，友人関係での偏った思考，自己への偏った思考では，得点が有意に減少していることが確認された（$t〔125〕=2.40 ; t〔125〕=4.52 ; t〔125〕=3.17 ; t〔125〕=4.37$，いずれも $p<.01$）。ただ教師への偏った思考については有意差が認められなかった（$t〔125〕=.42, n.s.$）。

以上の結果から，中学生において無気力感が上昇する時には随伴経験，コーピング・エフィカシーが減少し，非随伴経験，教師への偏った思考，勉強における偏った思考，友人関係での偏った思考，自己への偏った思考の各変数は増加することが，時間的要因を加えた上でも明らかになった。一方，中学生において無気力感が下降する時には随伴経験，コーピング・エフィカシーが増加し，非随伴経験，勉強における偏った思考，友人関係での偏った思考，自己への偏った思考の各変数は減少することが，時間的要因を加えた上でも明らかになった。さらにこうしたことから，随伴経験，非随伴経験，コーピング・エフィカシー，思考の偏り各下位因子といった，無気力感を構成すると考えられる変数の構成概念妥当性も，改めて支持されたと考えられる。

第4節 本章のまとめ

　第1節・調査1では，主観的随伴経験が中学生に与える影響を検討するため，不登校の中学生と登校している中学生との随伴経験・非随伴経験の違いを検証したところ，どちらの群にも有意差が認められなかった。このことから，自分の行動で結果をコントロールできたという随伴経験においても，自分の行動で結果をコントロールできなかったという非随伴経験においても，主観的には経験している程度に差があるとはいえないことが明らかになった。この結果から，(1) 不登校群の生徒たちが，教育相談所および適応指導教室などに通うことによって，その施設の指導員より何らかの正の強化を得ている効果から，登校群の生徒との差が出なかったという可能性，(2) 登校している生徒たちも不登校の生徒たちと同程度に「随伴経験の欠如」や「非随伴経験の多さ」などを抱えている可能性，(3) 無気力感という現象が随伴経験・非随伴経験という変数だけでは十分説明できない可能性，の3つが示唆された。そして (2) の登校している中学生も不登校の中学生と同程度に「随伴経験の欠如」や「非随伴経験の多さ」を抱えているという考察を受けて，続く第1節・調査2では，学校不適応行動の予防的観点から，「随伴経験の欠如」や「非随伴経験の多さ」が中学生一般の無気力感に及ぼす影響を検討するため，登校している中学生の観察された無気力感傾向とその生徒の主観的な随伴経験との関連を検討した。その結果，担任教師によって無気力感傾向が高いと評定された生徒と低いと評定された生徒がそれぞれ回答した随伴経験得点において有意差が認められた。このことは，無気力感傾向の高い中学生群は低い中学生群に比べると，主観的な随伴経験が少ないことを示している。この結果から，中学生の無気力感は「やってもうまくゆかない」といった非随伴経験の多さというよりも，「やってみたらうまくいった」といった随伴経験の少なさに起因する可能性が示された。このように本研究では，非随伴経験が無気力感を生み出すという従来のLH理論に加えて，随伴経験の少なさからも無気力感が生み出される可能性が示された。今後中学生の無気力感のメカニズムをより構造化するために，本研究で検証された「随伴経験の少なさ」「非随伴経験の多さ」といった2つの無気力感の経路を前提に，無気力感が随伴経験・非随伴経験の2変数だけでは十分説明できない可能性も

視野に入れて，それぞれの経路を媒介する変数の同定およびそのモデルの検証が必要と考えられた。

続いて第2節ではさらに無気力感を構成する要因を同定するため，随伴経験・非随伴経験の2つの変数以外に，コーピング・エフィカシー，思考の偏りといった変数を想定し，それぞれの無気力感との関係と，各媒介変数間との関係性を検討した。まず無気力感と各媒介変数間との関係性を検討したところ，全ての変数において無気力感と有意な相関が認められ，特に随伴経験，コーピング・エフィカシー，勉強における偏った思考の3変数は相関係数値が高い結果となり，無気力感の構成により直接的な影響を与えている可能性が示された。続いて媒介変数間の関係性を検討したところ，随伴経験とコーピング・エフィカシー，非随伴経験と思考の偏り各下位尺度，コーピング・エフィカシーと教師への偏った思考・勉強における偏った思考といった各変数間の関係性が，それぞれ強いことが明らかになった。こうした結果から，これらの変数のつながりを軸に，中学生における無気力感が構成されている可能性が示唆された。続く調査2では，調査1で同定された無気力感を構成すると考えられる変数間に，随伴経験，非随伴経験（time1）→コーピング・エフィカシー，思考の偏り各下位因子（time2）→無気力感（time3）といった時間的流れを想定し，3時点でとったデータをもとに，妥当性を検討した。随伴経験（time1），非随伴経験（time1），コーピング・エフィカシー（time2），思考の偏り各下位因子（time2）を独立変数，無気力感（time3）を従属変数として，重回帰分析を行った結果，随伴経験，非随伴経験，コーピング・エフィカシー，勉強における偏った思考，そして友人関係での偏った思考において有意な値が得られたことから，随伴経験，非随伴経験（time1）→コーピング・エフィカシー，思考の偏り各下位因子（time2）→無気力感（time3）といった時間的流れの妥当性が示唆された。さらにこの結果から，随伴経験，非随伴経験，コーピング・エフィカシー，勉強における偏った思考，友人関係での偏った思考は，将来の無気力感と直接的に関与している可能性が示され，有意な値が得られなかった教師への偏った思考と自己への偏った思考においては，何らかの媒介変数を経て間接的に無気力感に関与している可能性が示唆された。

そして第3節では，無気力感が実際に上昇・下降する際，随伴経験，非随伴

経験，コーピング・エフィカシー，思考の偏り各下位因子がどのように変動をするのかを，2時点でのデータをもとに検討した。その結果，中学生の無気力感が上昇する際，随伴経験，コーピング・エフィカシーが減少し，非随伴経験，教師への偏った思考，勉強における偏った思考，友人関係での偏った思考，自己への偏った思考の各変数は増加することが，時間的要因を加えた上でも明らかになった。一方，無気力感が下降する際には，随伴経験，コーピング・エフィカシーが増加し，非随伴経験，勉強における偏った思考，友人関係での偏った思考，自己への偏った思考の各変数は減少することも同様に明らかになった。こうしたことから，随伴経験，非随伴経験，コーピング・エフィカシー，思考の偏り各下位因子それぞれの，無気力感構成要因としての妥当性が検証されたものと考えられた。

第4章
中学生の無気力感のしくみ──中学生の無気力感モデルの構築と妥当性の検討

本章の目的

　本章では，先の第3章で同定された，無気力感を構成すると考えられる随伴経験，非随伴経験，コーピング・エフィカシー，思考の偏りといった変数をもとに，中学生における無気力感モデルの構築とその妥当性の検討を行うことを目的とする。具体的には第3章で検証された，無気力感とその構成変数の関係および構成変数間の関係を参考に，第1節では随伴経験→コーピング・エフィカシー→無気力感といった経路と，非随伴経験→無気力感といった2つの経路から形成された，中学生における無気力感モデルを想定し，その妥当性を検討する。さらに生徒が回答した主観的な指標に担任教師が生徒の無気力感傾向に関して行動評定した客観的な指標を加えた，随伴経験→コーピング・エフィカシー→無気力感，非随伴経験→無気力感→無気力感傾向行動といった無気力感モデルを作成し，その妥当性の検討を行う。第2節では第1節のモデル検証結果を受けて，非随伴経験と無気力感との間の媒介変数として思考の偏りを加え，モデルの妥当性を検討する。そして最後に第3節において，3時点・4時点での測定データをもとに，時間的要因を入れた中学生における無気力感モデルの検討を行う。

第1節　因果モデルの検討（1）〈研究7〉

【目　　的】

　中学生の無気力感を構成すると考えられる変数を用いて，中学生における無気力感モデルの検討を行う。分析1では随伴経験・非随伴経験・コーピング・

エフィカシーを用いて無気力感モデルの検討を行う。分析2ではさらに，教師によって観察された無気力感傾向行動を加えた，無気力感モデルの検討を行う。

【方　　法】
1. 被調査者

分析1　2001年10月〜11月に調査を行った，東京都内の公立中学校に通う中学生1,114名（男子573名，女子541名，平均年齢=13.61歳，$SD=0.94$）。

分析2　2001年10月に調査を行った，東京都内の公立中学校に通う中学生184名（男子92名，女子92名，平均年齢=13.79歳，$SD=0.93$）。行動評定者として，中学校の1年生〜3年生を受け持つ担任教師7名（男性教師3名，女性教師4名）に，生徒と同時期にクラスの生徒に関して行動評定調査を依頼した。

2. 指　　標

分析1　随伴性認知の指標には，中学生版・主観的随伴経験尺度を，コーピング・エフィカシーの指標には中学生用コーピング・エフィカシー尺度を，無気力感の指標には無気力感尺度（笠井ら，1995）を，合わせて実施した。

分析2　生徒へは，分析1で用いた中学生版・主観的随伴経験尺度，中学生用コーピング・エフィカシー尺度，無気力感尺度（笠井ら，1995）を実施した。担任教師には，生徒の無気力感傾向行動に関して，全く当てはまらない〜とてもよく当てはまるの5段階で，行動評定を求めた。

【結果と考察】
分析1：無気力感モデルの妥当性の検討（1）

中学生の無気力感におけるモデルを作成し，その妥当性を検証するため以下の分析を行った。随伴経験・非随伴経験を外生変数，コーピング・エフィカシーおよび無気力感を内生変数として各変数間における影響関係を想定し，随伴経験がコーピング・エフィカシーを経由して無気力感に及ぼす影響と，非随伴経験が無気力感に与える直接的な影響についてモデルを設定し，パス解析により検討した（Fig. 4-1-1）。その結果，随伴経験からコーピング・エフィカシーへのパス係数，およびコーピング・エフィカシーから無気力感へのパス係数いずれも，有意な高い値が得られた。また，非随伴経験から無気力感へのパス係数も，有意な値が得られた。さらにモデルの適合度指標であるGFIは.989，AGFI（推定するパラメーターの数の影響を修正した修正済みGFI）は.964と

第1節 因果モデルの検討（1）〈研究7〉

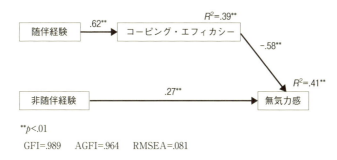

Fig. 4-1-1 中学生における無気力感モデルのパス解析結果（n=1114）

いう結果となり，いずれも高い値が確認された。以上の結果から，本分析にて検証した中学生の無気力感についてのモデルは，十分な妥当性を備えていると考えられる。ただし，.05以下が望ましいとされるRMSEAが.081とやや高い数値であった。この数値がより少ない新たな無気力感モデルを構築するために，さらに他変数を投入する必要性や，投入されている変数の影響性を，今後検討する必要があると考える。本分析によって，非随伴経験→無気力感といった経路以上に，随伴経験→コーピング・エフィカシー→無気力感といった経路の方がパス係数の高い傾向にあることが示唆された。この結果は，従来のLH研究で通説であった非随伴経験によって無気力感が形成されるといった要因以上に，随伴経験の乏しさによって形成されるコーピング・エフィカシーの低さといった要因の方が，中学生の無気力感においてより強い可能性が示されたといえる。従来のコントロール感研究において，セルフ・エフィカシーがコントロール感を増大させるといった知見は数多く示されてきたが，随伴経験によって形成されたコーピング・エフィカシーが無気力感に与える影響について検証した研究は，殆ど見当たらない。こうしたことから，本分析による結果は，LH研究およびコントロール感研究において，無気力感に関する新たな知見を提供すると考えられる。

分析2：無気力感モデルの妥当性の検討（2）

生徒が回答した主観的な指標に，担任教師が生徒の無気力感傾向に関して行動評定した客観的な指標を加えた無気力感モデルを作成し，その妥当性を検討するため，以下の分析を行った。随伴経験・非随伴経験を外生変数，コーピン

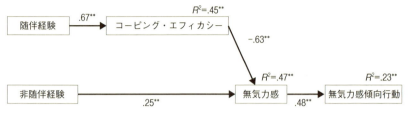

**p<.01
GFI=.981　AGFI=.953　RMSEA=.054

Fig. 4-1-2　行動指標を加えた，中学生における無気力感モデルのパス解析結果（*n*=184）

グ・エフィカシーと無気力感，そして無気力感傾向行動を内生変数として各変数間における影響関係を想定し，随伴経験がコーピング・エフィカシーを経由して無気力感および無気力感傾向行動に及ぼす影響と，非随伴経験が無気力感・無気力感傾向行動に与える影響についてモデルを設定し，パス解析により検討した（Fig. 4-1-2）。その結果，随伴経験からコーピング・エフィカシーへのパス係数，コーピング・エフィカシーから無気力感へのパス係数で有意な高い値が，また非随伴経験から無気力感へのパス係数も有意な値が得られ，さらに無気力感から無気力感傾向行動への有意なパス係数も認められた。またモデルの適合度指標であるGFIは.981，AGFIは.953という結果となり，いずれも高い値が確認された。

分析1・2のまとめ

分析1・2の結果，随伴経験の少なさによるコーピング・エフィカシーの低さや非随伴経験の多さといった要因から生徒における無気力感が形成され，その主観的な認知が，客観的に観察された無気力感傾向行動として表出する構造が確認されたといえる。

ただし分析1・2における検討は，あくまでも中学生の無気力感モデル構築のための試みであり，さらなる実証研究の積み重ねによる検討が必要である。分析1・2の結果から，非随伴経験の無気力感への影響はコーピング・エフィカシーの低下を媒介していないことが示唆され，また「非随伴経験→無気力感」間はパス係数が比較的低かった。こうしたことから非随伴経験は，「対処行動への自信のなさ」とは別の変数を媒介して，無気力感に結びついている可能

性も考えられる。今後は「非随伴経験→無気力感」を媒介する変数の検討を行い，中学生の無気力感を説明する変数を十分検討し選択した上で，共分散構造分析などによる因果モデルの構築が望まれる。また本研究における中学生の無気力感モデルの検討は，一回の調査結果による分析であった。静的データによる検討には，時間的要因に関する情報に限界があり，本研究で実証された結果は，あくまでも変数間の因果関係の可能性を示唆するものであると考える。こうしたことから今後は，継時的なデータ分析による，より時間的要因を考慮した動的な観点からの，中学生における無気力感のメカニズムの検討も望まれる。そして調査研究を重ねモデルを精緻化した上で，無気力感の高い中学生への介入研究を通じて，構築したモデルの妥当性を，実験的に検討する必要があると考えられる。さらに実証したモデルを今後学校現場での無気力感の予防や改善への援助に役立てるためには，随伴経験，非随伴経験，コーピング・エフィカシーといった認知変数のみならず，これらの認知変数に影響を与えていると考えられる中学生の日常生活の諸側面（通塾状況・睡眠時間等）や最近のライフイベント（両親の離婚・親の経済状況の変化等）といった具体的な要因が，各認知変数にどのような影響を与えているのかについても検討する必要があると考える。

第2節　因果モデルの検討（2）―思考の偏りを加えたモデルの検証〈研究8〉

【目　的】

第1節・分析1・2の結果から，非随伴経験の無気力感への影響はコーピング・エフィカシーの低下を媒介していないことが明らかになった。合わせて非随伴経験→無気力感間のパス係数が比較的低いことも明らかになった。こうしたことから非随伴経験は，「対処行動への自信のなさ」とは別の変数を媒介して，無気力感に結びついている可能性も考えられる。そこで第1節で確認された，随伴経験の少なさ→コーピング・エフィカシーの低さ→無気力感，非随伴経験の多さ→無気力感といった2つの経路からなる中学生の無気力感モデルに，第2章・第3節で尺度作成した「思考の偏り」を非随伴経験の多さ→無気力感

間の媒介変数として用いて，中学生における新たな無気力感モデルの検討を行う。

【方　法】

1. 被調査者

埼玉県内の公立中学校の協力を得て，中学校1年生〜3年生までの中学生1,205名（男子=620名，女子=583名，平均年齢=13.00歳，$SD=0.90$）の有効回答を得た。

2. 指　標

随伴性認知の指標には中学生版・主観的随伴経験尺度，コーピング・エフィカシーの指標には中学生用コーピング・エフィカシー尺度，無気力感の指標には無気力感尺度（笠井ら, 1995），そして推論の誤りの指標には中学生用・思考の偏り尺度を合わせて実施した。なお本研究で用いた無気力感尺度であるが，被調査者への負担を考慮して，笠井ら（1995）の作成した中学生用無気力感尺度の各下位因子から寄与率の高い4項目を選択した短縮版（全20項目，$\alpha=.81$）を使用した。

【結果と考察】

分析1：思考の偏りを加えた，無気力感モデルの妥当性の検討（1）

中学生の無気力感における新たなモデルを作成し，その妥当性を検証するため以下の分析を行った。第1節で確認されているモデルを参照して，随伴経験・非随伴経験を外生変数，コーピング・エフィカシー，思考の偏りの各下位尺度，無気力感を内生変数として各変数間における影響関係を想定し，随伴経験がコーピング・エフィカシーを経由して無気力感に及ぼす影響と，非随伴経験が思考の偏り各下位尺度を経由して無気力感に与える影響についてモデルを設定し，パス解析により検討した（Fig. 4-2-1）。その結果，随伴経験からコーピング・エフィカシーへのパス係数，およびコーピング・エフィカシーから無気力感へのパス係数いずれも，有意な高い値が得られた。また，非随伴経験から各思考の偏り下位尺度へのパス係数も，有意な高い値が得られた。一方，勉強における偏った思考と自己への偏った思考から無気力感へのパス係数は有意な値が得られたが，教師への偏った思考と友人関係における偏った思考からの無気力感へのパス係数は有意な値が得られなかった。一方モデルの適合度指標

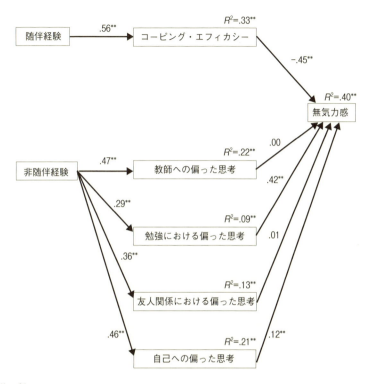

**p<.01

GFI=.808　　AGFI=.616　　RMSEA=.218

Fig. 4-2-1　思考の偏りを加えた中学生の無気力感モデルのパス解析結果1（n=1205）

は，GFI=.808，AGFI=.616，RMSEA=.218 という結果となった。GFI は許容できる範囲の適合度指数を示したものの，AGFI の値は低く，また .10 を超えるとモデルの当てはまりがよくないとされる RMSEA は .218 といった値を示しており，さらなるモデル検討の余地が残される結果となった。

分析2：思考の偏りを加えた，無気力感モデルの妥当性の検討（2）

　第3章・第2節における分析，および分析1の結果に基づいて，より適合度のよいモデルを探索するため，随伴経験がコーピング・エフィカシーを経由して無気力感に及ぼす影響と，非随伴経験が各思考の偏りを経由して無気力感に与える影響に加えて，思考の偏りの各下位尺度間のパスと，随伴経験・非随伴

経験そのものから直接的に無気力感に至るパス，そしてコーピング・エフィカシーから思考の偏りへと至るパスとを新たに加えてモデルを設定し，改めて検討した（Fig. 4-2-2）。有意でないパス係数を削除しながら解析した結果，随伴経験→コーピング・エフィカシー→無気力感，随伴経験→無気力感の経路で有意なパス係数が認められた。加えて非随伴経験からは，教師への偏った思考・友人関係における偏った思考・自己への偏った思考への有意なパス係数が得られた。またコーピング・エフィカシーからは，教師への偏った思考・勉強における偏った思考への有意なパスが確認された。一方思考の偏り間では，勉

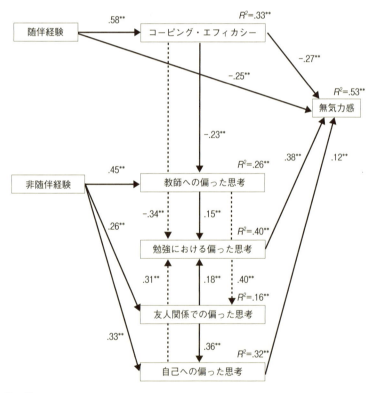

**p<.01
GFI=.984　AGFI=.956　RMSEA=.065

Fig. 4-2-2　思考の偏りを加えた中学生の無気力感モデルのパス解析結果2（n=1205）

強における偏った思考へ，教師への偏った思考・自己への偏った思考・友人関係における偏った思考それぞれから有意なパス係数が，教師への偏った思考から友人関係における偏った思考へ，友人関係における偏った思考から自己への偏った思考へ，それぞれ有意なパス係数が確認された。さらに無気力感へは，勉強における偏った思考・自己への偏った思考から，それぞれ有意なパス係数が認められた。この結果から，非随伴経験によって教師への偏った思考・友人関係における偏った思考・自己への偏った思考が形成され，この3つの思考の偏りが勉強における偏った思考に影響を与え，自己への偏った思考とともに無気力感へつながっている可能性が示唆された。なおモデルの適合度指標はGFI=.984，AGFI=.956といずれも高い数値が得られ，RMSEA=.065という結果となり，本分析モデルは十分な妥当性を備えていると考えられる。

さらに随伴経験の無気力感への直接効果と間接効果を検討したところ，直接効果は-.25という値が，間接効果は-.24という値がそれぞれ得られた。この結果は，随伴経験の無気力感への直接的な効果と，コーピング・エフィカシーを経由した間接的効果がほぼ同じくらいであることを示唆しているといえる。またコーピング・エフィカシーの無気力感への直接効果と間接効果を検討したところ，直接効果は-.27という値が，間接効果は-.15という値が得られた。この結果は，コーピング・エフィカシーの無気力感への直接的効果の方が，思考の偏りを経由した間接的効果よりも，大きいことを示唆しているといえる。

分析1・2のまとめ

本研究における問題点をあげる。分析1・2を行った中学生の無気力感モデルの検討は，1回の調査結果による分析であった。1時点データによる検討には，時間的要因に関する情報に限界があり，分析1・2で実証された結果は，あくまでも変数間の因果関係の可能性を示唆するものであると考える。こうしたことから今後は，継時的データによる各変数間の時間的前後関係を考慮したモデルの検討が望まれる。

第3節　因果モデルの検討（3）—時間的要因を入れたモデルの検証〈研究9〉

【目　的】

　第1節・第2節で検証された中学生における無気力感のパスモデルには，1時点データによる検討のために，時間的要因に関する情報に限界があった。そこで本節では，第1節・第2節で検証された中学生における無気力感のパスモデルを参照して，複数時点における測定データによる，時間的要因も考慮した新たな中学生の無気力感モデルの検討を行う。

【方　法】

1. 被調査者

　分析1・2　埼玉県内の公立中学校の協力を得て，3回の調査を通じて回答した，中学校1年生～3年生までの中学生456名（男子236名，女子220名，平均年齢=13.07歳，SD=0.88）を対象に分析を行った。

　分析3　埼玉県内の公立中学校の協力を得て，4回の調査を通じて回答した，中学校1年生～3年生までの中学生418名（男子209名，女子209名，平均年齢=13.05歳，SD=0.50）を対象に分析を行った。

2. 手続き

　分析1・2　随伴性認知の指標には，随伴経験・非随伴経験の独立した2因子からなる中学生版・主観的随伴経験尺度，コーピング・エフィカシー（ストレス事態における対処行動の自信）の指標には中学生用コーピング・エフィカシー尺度，無気力感の指標には無気力感尺度（笠井ら，1995），そして推論の誤りの指標には中学生用・思考の偏り尺度を，2004年5月（time1）・7月（time2）・12月（time3）に3回合わせて実施した。なお回答を照合するため，学年・クラス・出席番号・性別・年齢を記述させて調査を実施した。

　分析3　分析1・2と同様の指標を，2004年5月（time1）・7月（time2）・12月（time3）・2005年3月（time4）に4回合わせて実施した。なお回答を照合するため，学年・クラス・出席番号・性別・年齢を記述させて調査を実施した。

【結果】
分析1：思考の偏り尺度を投入したパス解析結果

時間的要因を考慮した中学生の無気力感における新たなモデルを作成し，その妥当性を検証するため以下の分析を行った。第2節で確認されているモデルを参照して，随伴経験・非随伴経験を外生変数，コーピング・エフィカシー，思考の偏り，無気力感を内生変数として各変数間における影響関係を想定し，随伴経験がコーピング・エフィカシーを経由して無気力感に及ぼす影響と，非随伴経験が思考の偏りを経由して無気力感に与える影響についてモデルを設定し，随伴経験・非随伴経験（time1），コーピング・エフィカシー・思考の偏り（time2），無気力感（time3）におけるデータを用いて，パス解析により検討した（Fig. 4-3-1）。その結果，随伴経験→コーピング・エフィカシー→無気力感といったパスと，非随伴経験→思考の偏り→無気力感といったパスとが，時間的要因を考慮した上でも確認された。さらに，思考の偏り→コーピング・エフィカシー間のパスは有意ではなかったものの，コーピング・エフィカシー→思考の偏り間のパスは，時間的要因を考慮した上でも有意な値が得られた。モデルの適合度指数はGFI=.993，AGFI=.946，RMSEA=.083といった値となり，本モデルの妥当性が確認されたと考えられる。

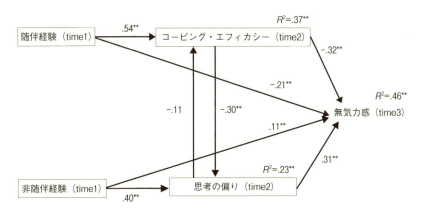

**$p<.01$

GFI=.993　AGFI=.946　RMSEA=.083

Fig. 4-3-1　時間的要因を入れた，中学生の無気力感モデルのパス解析結果1（n=456）

分析2：思考の偏り下位尺度を投入したパス解析結果（1）

　第3章・第2節における時間的要因を入れた重回帰分析の結果では，勉強と友人関係における偏った思考とが無気力感と直接関係している可能性が示唆された。また中学生を対象とした研究でも，友人関係と学業場面からの影響力が教師との関係よりも大きいことが示唆されている（岡安・嶋田・丹羽・森・矢富, 1992；下坂, 2001；樽木, 1992）。中学生は親からの自立の作業（親の脱衛星化）が進むと同時に，仮の軌道を確保するためにその仮の中心として友人関係が機能する時期であり（伊藤, 2000），そのため同性の特定の友人との親密な関係を持つ時期（榎本, 2000）であることから，学校生活における教師の影響力が友人関係と比べて低い可能性があるといえる。加えて中学校における学校生活は受験を控えているために学習の重要度が高いこと（下坂, 2001），小学校に比べると，定期テストや受験など勉強からのストレスが高まる時期であること（伊藤, 2001）からも，勉強への認知が中学生期の子どもに与える影響が大きいことが予想される。さらに先行研究（岡安ら, 1992；嶋田, 1998）においても，中学生活の大半を占める勉強場面でのネガティブな認知が無気力感へ与える影響が指摘されている。こうしたことから，分析1の結果を受けてコーピング・エフィカシーが思考の偏りに影響を与えるといったモデルを設定するとともに，非随伴経験が思考の偏りを経由して無気力感に与える影響について，勉強における偏った思考・友人関係での偏った思考が直接的に，教師への偏った思考・自己への偏った思考が間接的に無気力感へ関与するといったモデルを設定し，随伴経験・非随伴経験（time1），コーピング・エフィカシー・各思考の偏り下位尺度（time2），無気力感（time3）におけるデータを用いて，パス解析により検討した（Fig. 4-3-2）。

　有意でないパスを削除して解析した結果，随伴経験（time1）→コーピング・エフィカシー（time2）→無気力感（time3），随伴経験（time1）・非随伴経験（time1）→無気力感（time3）の経路で有意なパス係数が認められた。加えて非随伴経験（time1）からは，教師への偏った思考（time2）・友人関係での偏った思考（time2）・自己への偏った思考（time2）への有意パス係数が得られた。またコーピング・エフィカシー（time2）からは，教師への偏った思考（time2）・勉強における偏った思考（time2）への有意なパスが確認された。一

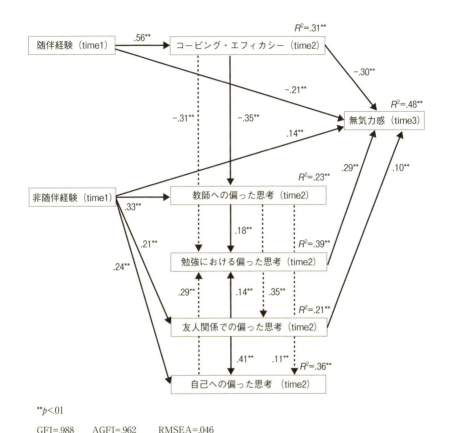

Fig. 4-3-2 時間的要因を入れた，中学生の無気力感モデルのパス解析結果2（n=456）

方思考の偏り間では，勉強における偏った思考（time2）へ，自己への偏った思考（time2）・教師への偏った思考（time2）・友人関係での偏った思考（time2）それぞれから有意なパス係数が認められた。また教師への偏った思考から友人関係での偏った思考（time2）・自己への偏った思考（time2）へ有意なパス係数が認められ，友人関係での偏った思考（time2）から自己への偏った思考（time2）へそれぞれ有意なパス係数が確認された。さらに無気力感へは，勉強における偏った思考（time2）・友人関係での偏った思考（time2）から，それぞれ有意なパス係数が認められた。モデルの適合度指数は GFI=.988，AGFI=.962，

RMSEA=.046 といった値となり，本モデルの妥当性が確認された。

分析3：思考の偏り下位尺度を投入したパス解析結果（2）

分析2の結果から，教師への偏った思考・友人関係での偏った思考・自己への偏った思考から勉強における偏った思考へとパスが収束する関係性が示唆された。こうしたことから，さらに思考の偏り間の時間的前後関係と，コーピング・エフィカシーとの関係性を考慮して，新たに随伴経験・非随伴経験（time1），コーピング・エフィカシー（time2），教師への偏った思考・友人関係での偏った思考・自己への偏った思考（time2），勉強における偏った思考（time3），そして無気力感（time4）という仮説に基づき，4時点での調査結果によるパス解析を行った。

その結果，分析2と同様随伴経験（time1）→コーピング・エフィカシー

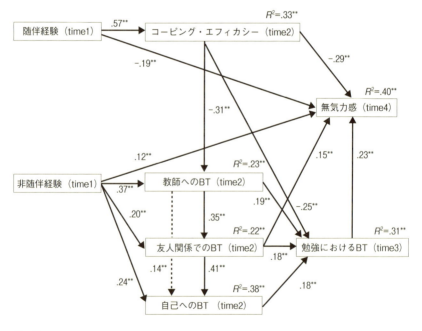

** $p<.01$

GFI=.986　　AGFI=.953　　RMSEA=.055

Fig. 4-3-3　時間的要因を入れた，中学生の無気力感モデルのパス解析結果3（n=418）

(time2)→無気力感 (time4), 随伴経験 (time1)・非随伴経験 (time1)→無気力感 (time4), 非随伴経験 (time1)→教師への偏った思考 (time2)・友人関係での偏った思考 (time2)・自己への偏った思考 (time2) の経路で有意なパス係数が認められた (Fig. 4-3-3)。またコーピング・エフィカシー (time2) からは分析2同様教師への偏った思考 (time2) へのパスが認められた他, 新たに時間的前後関係を仮定した勉強における偏った思考 (time3) へも有意なパスが確認された。思考の偏り間でも, 分析2同様教師への思考の偏り・友人関係での思考の偏り・自己への思考の偏り (time2) 間での関係性が認められた他, 新たに時間的前後関係を仮定した教師への思考の偏り・友人関係での思考の偏り・自己への思考の偏り (time2)→勉強における思考の偏り (time3) への有意なパスが確認された。無気力感 (time4) へは, 友人関係での思考の偏り (time2)・勉強における思考の偏り (time3) からの有意なパスが確認された。モデルの適合度指数は GFI=.986, AGFI=.953, RMSEA=.055 といった値となり, モデルの妥当性が確認されたと考えられる。

さらに本分析で検証したモデルにおける各変数からの無気力感 (time4) への直接効果・間接効果・総合効果を検討した (Table 4-3-1)。その結果, 随伴経験では直接効果が -.19, 間接効果は -.22, 総合効果は -.41 という結果となった。非随経験では直接効果が .12, 間接効果は .10, 総合効果が .22 という結果となった。コーピング・エフィカシーにおいては, 直接効果が -.29, 間接効果は -.10, 総合効果は -.39 という結果となった。一方思考の偏り各下位尺度においては, 勉強における偏った思考では直接効果が .23, 間接効果が .00, 総合効

Table 4-3-1 各指標から無気力感 (time4) への効果

	直接効果	間接効果	総合効果
随伴経験 (time1)	-.19	-.22	-.41
非随伴経験 (time1)	.12	.10	.22
コーピング・エフィカシー (time2)	-.29	-.10	-.39
教師への偏った思考 (time1)	.00	.12	.12
勉強における偏った思考 (time3)	.23	.00	.23
友人関係での偏った思考 (time2)	.15	.06	.21
自己への偏った思考 (time2)	.00	.04	.04

果も .23 という結果に，友人関係での偏った思考では直接効果が .15，間接効果が .06，総合効果は .21 という結果となった。また教師への偏った思考では，直接効果が .00，間接効果は .12，総合効果は .12 という結果に，自己への偏った思考では，直接効果が .00，間接効果が .04，総合効果は .04 という結果となった。

【考　察】

分析1の結果に関して

　分析1の結果，随伴経験（time1）→コーピング・エフィカシー（time2）→無気力感（time3），非随伴経験（time1）→思考の偏り（time2）→無気力感（time3）といった経路の妥当性が確認された。この結果から，非随伴経験→無気力感間に媒介変数があること，その媒介変数として思考の偏りといった変数が存在することが，時間的要因を入れても改めて検証できたといえる。コーピング・エフィカシーから思考の偏りへと有意な負のパスが認められたことは，思考の偏りが非随伴経験の軽減によってだけではなくコーピング・エフィカシーの増加によっても減少する可能性が，時間的要因を加えたことでも示唆されたといえよう。思考の偏りからコーピング・エフィカシーではなく，コーピング・エフィカシーから思考の偏りに影響を与えている可能性が示されたことは，中学生を対象とした研究でセルフ・エフィカシーがストレッサーの認知的評価へと影響していることが検証されていることからも（嶋田，1998），中学生においては，行動への自信が認知の歪みを規定している可能性が高いことが確認されたといえる。さらに1時点モデルでは顕著に出なかった随伴経験・非随伴経験（time1）から直接無気力感（time3）に伸びる有意なパスも本分析において新たに確認された。この結果から，随伴性認知が将来の無気力感に直接的に与える影響が示唆され，中学生にとって自分の行動で結果がコントロールできたかできないかといった経験的認知そのものが，将来の無気力感を構成する要因となる可能性が検証されたといえる。

分析2・3の結果に関して

　分析2の結果，非随伴経験（time1）によって教師への偏った思考（time2）・友人関係での偏った思考（time2）・自己への偏った思考（time2）が形成され，この3つの思考の偏り間の影響関係とコーピング・エフィカシー（time2）からの負の影響がともに勉強における偏った思考（time2）に影響を与え，友人関

係での偏った思考とともに無気力感（time3）へつながっている可能性が示唆された。つまり自分の行動で結果をコントロールできなかったという経験の認知が，学校生活における対人場面（教師・友人）への偏った思考と，自分自身への偏った思考を形成し，これらの影響関係とコーピング・エフィカシーの少なさの影響とが勉強における偏った思考（time2）へと収斂し，友人関係への偏った思考とともに，直接的に無気力感（time3）形成へとつながっている可能性が示されたといえる。さらに分析3では，分析2で確認された教師・友人関係・自己における偏った思考→勉強への偏った思考→無気力感，友人関係での偏った思考→無気力感といった経路を，その時間的前後関係を考慮して，4時点でのデータを用いてさらに分析した。その結果，非随伴経験（time1）によって教師への偏った思考・友人関係での偏った思考・自己への偏った思考（いずれもtime2）が形成され，この3つの思考の偏り間における影響関係とコーピング・エフィカシー（time2）からの負の影響がともに勉強における偏った思考（time3）に影響を与え，無気力感（time4）へつながっている可能性が示唆された。つまり自分の行動で結果をコントロールできなかったという経験の認知が，学校生活における対人場面（教師・友人）への偏った思考と，自分自身への偏った思考を形成し，これらの影響関係が，将来の勉強における偏った思考・無気力感形成へとつながっている可能性が確認されたといえる。また分析2同様，勉強における思考の偏りに次いで，友人関係における偏った思考も無気力感に直接的な影響を与えていた。この結果は，中学生における先行研究（岡安ら，1992；下坂，2001）で，中学生の抑うつや無気力感への友人関係の影響が，教師との関係に比べて大きい可能性が示唆されていたことと合致することからも，妥当な結果と考える。

　さらに思考の偏り間の影響関係を検討すると，教師への偏った思考は勉強・友人関係・自己への偏った思考へと影響し，友人関係での偏った思考は勉強・自己への偏った思考へと影響を与え，自己への偏った思考は勉強における偏った思考へと影響する経路が示唆された。また各偏った思考の無気力感への効果を検討してみると，勉強における偏った思考は無気力感への直接効果のみが，友人関係での偏った思考では直接効果と間接効果が認められ，教師への偏った思考と自己への偏った思考では間接効果のみが認められる結果となった。こう

したことから，教師への偏った思考の無気力感へ影響は直接的ではないものの，勉強・友人・自己への思考の偏りを媒介して影響している可能性があり，児童期ほどではないものの，その影響力を看過できないことが示されたと考えられる。一方自己への偏った思考は，無気力感への間接効果は認められたものの直接効果は認められず，また勉強・教師・友人関係における偏った思考の効果に比べて，その総合的効果がそれほど顕著ではなかった。抑うつ認知理論に基づく成人を対象とした自動思考に関する研究（Hollon & Kendall, 1980）では，自己不適応感・否定的自己概念や低い自尊心といった自己に関する因子が抑うつに影響を与えることが示唆されているが，中学生を対象とした本研究の結果は，思春期が自他に対する観察力が発達し周囲から見られる自分を認知できるようになるものの（青木, 2001），自己認知や自己概念が発達し始める時期であり（東, 2002），アイデンティティ確立へと動き始めたばかりの状態と考えられることから，発達段階の特色として，自己よりも周囲の対人関係の影響がより濃く反映されたと考えられる。

加えて Table 4-3-1 における全尺度における総合効果に着目すると，随伴経験およびコーピング・エフィカシーが，将来の無気力感へ与える効果が絶対値的に高い結果となった。この結果から，随伴経験およびコーピング・エフィカシーが，中学生における無気力感の予防・改善に関わる重要な変数である可能性が，時間的要因を考慮した上でも改めて確認されたといえる。

本研究では，時間的要因を考慮した中学生の無気力感モデルを検討するため，3時点・4時点での調査結果を元に分析・考察した。ただ本研究で実証した結果は，あくまでも調査研究による仮説検証であった。こうしたことから今後は，本研究で実証した無気力感モデルの現実場面での妥当性を検討するため，無気力感の高い中学生への介入研究などを通じて，実際の変数の動きを検証する必要があると考える。また本研究におけるモデル検証は1つの標本集団による結果であるため，今回の標本にたまたま適合したモデルである可能性も考えられる。今後は交差妥当性の検討のため，異なった標本集団による実証も不可欠であると考える。

第4節　本章のまとめ

　LHモデルでは非随伴経験が無気力感を説明する基軸要因であったが，第1節における分析1においてはそれに加えて，随伴経験の欠如によるコーピング・エフィカシーの低さといった要因も，中学生の無気力感に大きな影響を与えることが示唆された。この結果は，非随伴経験→非随伴性認知→学習性無力感の兆候といったLH理論（Seligman & Maier, 1967）に加えて，随伴経験の少なさ→コーピング・エフィカシーの低下→無気力感といった新たな経路を加えたこと，つまり従来の学習性無力感研究・コントロール感研究において，暗黙のうちに「随伴性があるかないか」という1次元上の逆概念と捉えられてきた非随伴経験と随伴経験とが実は独立した概念であり，それぞれ異なった経路で無気力感に影響している可能性があることを示唆したという意味で，従来の研究に新たな展開を提供したと考える。また第1節・分析2において，随伴経験の少なさによるコーピング・エフィカシーの低さや非随伴経験の多さといった要因から，生徒における無気力感が形成され，その主観的な認知が客観的に観察された無気力感傾向行動として表出する構造が確認されたことは，分析1で試みた中学生における無気力感モデルの妥当性が，客観的指標を加えた上でも，裏づけられた結果となったと考える。しかし，コーピング・エフィカシーを形成することが示唆された随伴経験の少なさといった現象の中には，随伴経験の絶対量が少ない場合と，非随伴経験が多く相対的に随伴経験が少なく認知されている場合とが考えられるため，実生活において随伴経験をしないことと非随伴経験をすることとの区別がつきにくい側面がある。しかし，第2章・第1節で随伴経験と非随伴経験は殆ど相関がないことが認められていることから，中学生における随伴経験の少なさとは，非随伴経験の多さに由来する随伴経験の相対的な少なさではなく，随伴経験の絶対量の少なさを示唆していると考えられる。つまり，非随伴経験の多さと随伴経験の少なさとは異なった随伴性のなさに関する認知であり，中学生の無気力感は非随伴経験に加えて，随伴経験そのものの少なさとそれに伴うコーピング・エフィカシーの低下からも，形成される可能性が示されたといえよう。さらに分析1・2におけるパス係数の結果から，非随伴経験を少なくする取り組みよりも，随伴経験を多くしてコーピン

グ・エフィカシーを高める取り組みの方が，中学生の無気力感低減に有効である可能性が示された。このことは，中学生の無気力感予防・改善への示唆を現場に提供する上でも，意義あることと考える。中学校現場における随伴経験の絶対量の少なさという現象を考えてみると，生徒が自発的に行動して肯定的な結果を得られる機会そのものが少ないという可能性と，生徒自身が自発的に行動することそのものが少ないといった可能性とが考えられる。今後は，中学校現場における「随伴経験の少なさ」といった現象そのものに関する検討が，無気力感予防・改善を考える上で必要であると考える。また，随伴性認知と結果期待との違いを構成概念・時間軸上で明確化し，効力期待との概念の連続性が想定される結果期待のかわりに随伴性認知を採用したことは，セルフ・エフィカシー理論（Bandura, 1977）に依拠するコントロール感モデルの問題点を改善した意味において意義あることといえよう。Weisz et al.（2001）は，CCC モデルを前提に，随伴性を一般化された結果期待として捉え，コンピテンスと並列的にコントロール感・無気力感に影響することを検証したが，本研究では随伴経験がコーピング・エフィカシーを形成し，形成されたコーピング・エフィカシーが無気力感の低減に寄与するという，随伴性認知とコーピング・エフィカシーとの時間的な流れを考慮したモデルの実証を試みた。このことも，CCC モデル（Weisz et al., 2001）に代表されるコントロール感研究における知見に，新たな一側面を提供すると考えられる。

　第2節では，第1節で確認されている随伴経験の少なさ→コーピング・エフィカシーの低さ→無気力感，非随伴経験の多さ→思考の偏り各下位尺度→無気力感といった2つの経路に加えて，思考の偏り各下位尺度間のパスと，随伴経験・非随伴経験そのものから直接的に無気力感に至るパス，そしてコーピング・エフィカシーから思考の偏りへと至るパスとを新たに加えてモデルを設定し，パス解析にてその妥当性の検討を行った。その結果，非随伴経験によって教師への偏った思考・友人関係における偏った思考・自己への偏った思考が形成され，この3つの思考の偏りが勉強における偏った思考に影響を与え，自己への偏った思考とともに無気力感へつながっている可能性が示唆された。換言すると，非随伴経験からまず対人関係面における思考の偏り（教師・友人そして対人場面を通じての自己への偏った思考）が形成され，その影響が勉強にお

ける偏った思考へとある程度収斂されて，無気力感へ至る経路の可能性が示されたともいえる。勉強における偏った思考から無気力感へ最も大きなパス係数が認められたことは，中学校生活においてその時間の大半を占めるのは授業であり，また授業をはじめとした勉強の成果が最終的に高校受験の成否を決める大きな要因であることを考え合わせると，勉強という要因が中学生の無気力感に与える影響が最も大きい可能性が示されたことは，妥当な結果と考えられる。続いて，思考の偏り下位尺度間の関係性について検討する。教師・友人関係から勉強における偏った思考へのパスが確認されたことは，教師や友人といった個別の対人関係で思考の偏りが生じると，それがやがて学校生活全般により広く作用する勉強場面へと，その影響が般化してゆくことが示唆されたとも考えられる。また友人関係における偏った思考から自己への偏った思考へ，自己への偏った思考から勉強における偏った思考へのパスが確認されたのは，友人関係における考え方が偏るとやがて自分自身へのネガティブな考え方が高まり，自分自身へのネガティブな考え方が高まることにより，中学生にとってその自己評価と深く結びついていると考えられる勉強への偏った考え方が増加するといった関係性が示唆されているとも考えられる。一方こうした結果に加えて，コーピング・エフィカシーからの教師への偏った思考・勉強における偏った思考への負の関係性も確認された。勉強と，勉強およびそれ以外の学校場面にも多く関わる教師とは，中学生にとっては物理的にも精神的にも大きな影響を受ける要因である。また思考の偏り尺度内においても，教師への偏った思考・勉強における偏った思考ともに第1因子・第2因子であることから，中学校生活において形成される偏った思考においても，影響力の少なくない対象であることが考えられる。こうしたことを踏まえると，コーピング・エフィカシーがこの2つの偏った思考に対して負の影響を与える可能性が示唆されたことは，中学校生活において随伴経験を通じたコーピング・エフィカシーを高めることが，中学生の陥りやすいことが予想される教師・勉強への思考の偏りを緩和する可能性が示されたとも考えられる。大人に比べて経験の絶対量が少なく，また認知発達でも発展途上の思春期の子どもは，ともすると1・2回の非随伴経験で「〜はこうである」と結論づけがちである。本分析の結果は，非随伴経験を通じて形成された対教師・勉強といった思考の偏りが，非随伴経験とは違

った角度の経験である随伴経験を積み，コーピング・エフィカシーが高まることで，その修正がなされる過程が示唆されたものとも考えられる。またこの成果は，中学校生活の大半を占める勉強での思考の偏りを改善すれば無気力感が軽減する可能性が示されたことに加えて，この勉強場面での思考の偏りを予防するには，教師との関係・友人との関係そして対人関係を通じた自己の位置づけといった各場面における思考の偏りを軽減することと，随伴経験を通じたコーピング・エフィカシーの醸成が有効な可能性が示唆されたことであると考える。このように随伴経験によって形成されたコーピング・エフィカシーが思考の偏りに影響を与えている可能性が示されたことは，中学生の認知変容に関して新たなストラテジーを提供する可能性があると考える。従来子どもへの認知介入は，認知的発達が洗練された子どもにしか効果が得られないとされる指摘もあり（Lamarine, 1990；Meyers & Craighead, 1984），また具体的操作期から形式的操作期への移行が始まったばかりで認知発達にばらつきのある中学生は，子どもによっては認知に働きかけて変容を試みることに困難が予想される。こうしたことから，本研究の結果，思考の偏りに直接介入しなくても，随伴経験を通じたコーピング・エフィカシーの醸成が思考の偏りを改善する可能性が示されたことは，中学生における無気力感改善への今後の介入研究へ示唆を提供すると思われる。また同分析の結果，随伴経験が間接的にも直接的にもほぼ同程度に無気力感に関係していることが確認されたことは，中学生にとって，自分の行動で結果をコントロールできた経験そのものの多いか少ないかが，無気力感に与える影響が少なくない可能性が示唆されたと考える。

　第3節では，中学生の無気力感の改善に役立てるため，第1節・第2節で中学生の無気力感を構成する変数として確認されている随伴経験，非随伴経験，コーピング・エフィカシーといった変数に加えて，非随伴経験→無気力感パス間に思考の偏りを媒介変数として投入し，時間的要因を考慮した新たな中学生の無気力感モデルの検討を行うことが目的であった。分析1の結果から，随伴経験（time1）→コーピング・エフィカシー（time2）→無気力感（time3），非随伴経験（time1）→思考の偏り（time2）→無気力感（time3）といった流れが確認され，時間的要因を考慮した本研究における仮説がほぼ支持されたと考える。さらに思考の偏り各下位尺度を投入した分析2・3の結果，非随伴経験（time1）

から教師・友人関係・自己への偏った思考（time2）が形成され，その影響が勉強における思考の偏り（time3）に収斂して直接将来の無気力感（time4）に結びつく経路と，友人関係での偏った思考（time2）から直接将来の無気力感（time4）に結びつく経路が確認された。加えて教師・友人・自己といった偏った思考（time2）においては，無気力感（time4）への間接効果が認められた。このことは今後中学生の無気力感における予防と対処を考える上で，示唆を与える結果であると考える。何故なら，非随伴経験による教師・友人関係・自己への偏った思考を緩衝することで，勉強における偏った思考が形成されるリスクを軽減し，無気力感を予防する効果が期待できるからである。また勉強・友人関係における偏った思考に介入することで，既に生起した無気力感への直接的効果が期待され，対処に役立つ可能性があることも考えられる。加えてコーピング・エフィカシーから教師への偏った思考・勉強への思考の偏りへの負の関係性が確認されたことは，コーピング・エフィカシーが無気力感へ直接的に影響するだけでなく，思考の偏りを通じて間接的にも影響する可能性が示されたといえる。

　また第2節では無気力感へ直接影響する思考の偏り下位尺度は，勉強における偏った思考と自己への偏った思考であったのに対し，第3節においては，勉強における偏った思考と友人関係での偏った思考であった。このことは，第2節は1時点での調査をもとにした分析であり，第3節では3時点・4時点での時間的要因を考慮した分析結果であったことを考え合わせると，友人関係での偏った思考は一度形成されると，間接的のみならず直接的にも，長期にわたって中学生の無気力感に影響を与える可能性が示唆された結果と考えられる。

　加えて分析1・2・3の結果，随伴経験・非随伴経験（time1）が間接的にだけでなく直接的にも将来の無気力感（time3）（time4）に関係していることが確認されたことは，中学生にとって，自分の行動で結果をコントロールできた経験そのものの多さや少なさが，比較的長く将来の無気力感に影響する可能性が示唆されたといえる。こうしたことから，中学生の無気力感を長期的な観点から予防するためには，自分の行動で結果をコントロールできる経験をできるだけ増やしたり，行動でコントロールできない経験を無理にさせないなど，子ども自身の持つ資源に合わせた援助も必要であることが考えられる。

第5章
中学生の無気力感への援助―介入研究を通じての無気力感改善要因の検討

本章の目的

　第4章で中学生における無気力感モデルの検証をした結果，既に形成された無気力感への対処として，随伴経験を通じて形成されたコーピング・エフィカシーが直接的に効果がある可能性と，思考の偏りの軽減を媒介にして間接的に効果がある可能性とが検証された。そこで本章では先の第4章において構築された中学生における無気力感モデルをもとに，既に形成された無気力感に対して，随伴経験を通じたコーピング・エフィカシー増加のための介入研究を行い，中学生における無気力感改善要因を検証することを目的とする。

第1節　無気力感改善要因の検討 (1) ―生徒への中学生用・随伴性強化プログラムを通じた介入〈研究10〉

【目　　的】
　ストレス事態への適切な対処行動を通じて随伴経験を増加させ，コーピング・エフィカシーを高めて無気力感を軽減する「随伴性強化プログラム」を作成し，その実施を通じて無気力感改善要因を検証することを目的とする。

〈中学生用・随伴性強化プログラムの作成〉

【方　　法】
　1. プログラム作成協力者
　東京都内の公立中学校にて，男性教師3名・女性教師2名，計5名の教師の

協力を得た。また，臨床心理学を学ぶ大学院生による内容のチェックも行った。

2. 手続き

ストレス・コーピング研究における問題解決技法に，学習性無力感研究・コントロール感研究・原因帰属研究などの知見を取り入れたプログラム原案を作成し，プログラム実施予定先の公立中学校教師5名に，数回にわたって内容・レイアウト等のチェックを依頼した。そのフィードバックに基づき，プログラムの量・表現・レイアウトを中学生に適切なものに修正した。また，プログラムの内容について，臨床心理学を学ぶ大学院生にもチェックを依頼し，中学生に難解と思われる個所を一部修正・削除した。

【結　果】

1回1時間・計3セッションで構成される，「無気力感の高い中学生への随伴性強化プログラム」を作成した（資料1）。プログラムは「やる気をだすための行動作戦プログラム」と命名され，「作戦1：うまくゆかない出来事を解決する作戦を決める」「作戦2：行動作戦の結果から，新しい作戦を立ててみよう！」「作戦3：自分ひとりでも行動作戦ができるようになろう！」の3冊のワークブックを中心に構成された。

なお，ワークブックの概要は以下の通りである。

セッション1（作戦1：うまくゆかない出来事を解決する作戦を決める）

(1) ストレス事態の同定：直面しているストレス事態をあげる（3つ以内）。

(2) 適切な対処方法の同定：直面しているストレス事態それぞれにおいて，自分の行動でコントロールすることができるかどうか，主観的随伴性の判断を行う。次にその判断を通じて，それぞれのストレス事態の対処方法が，問題解決型対処・情動中心型対処のどちらが適切なのかを検討する。

(3) ターゲットイベントの決定：あげたストレス事態のなかでも，実際に自分の行動でコントロールできうる，客観的随伴性のあるストレス事態を1つ選択する。

(4) 肯定的なゴールの設定：選択したストレス事態を肯定的な目標に置き換えることで，問題解決への動機づけを高める。

(5) 目標を達成する対処方略の案出：選択した目標を達成するための，対処方略を考え出す（複数）。

(6) 実行する対処方略の決定：随伴体験を増やし，ストレス事態へのコーピング・エフィカシー（対処行動への自信）を高めるために，案出した方略のうち最もやりやすい対処行動を1つ選択してもらい，その実行をホームワーク課題にする。

(7) ホームワーク：セッションで実行を決めた対処行動（行動作戦）を実生活でためしてもらい，自分の対処行動とそれが導いた結果の検討に役立てるため，その際の対処行動の様子と結果を観察・記録してもらう。

セッション2（作戦2：行動作戦の結果から，新しい作戦を立ててみよう！）

(1) ホームワークの評価：ホームワークとなっていた対処行動を行った結果，うまくいったかどうか，自分の行動で結果をコントロールすることができたかどうか（主観的随伴性），の2点について検討する。

・ホームワークがうまくいった場合：自己強化を実施させ，セッション1で考え出した対処方略のうち，次にやりやすい対処行動を試みることを決定。

・ホームワークがうまくゆかなかった場合：対処行動の結果について原因帰属の観点から検討し，実際に自分の行動でコントロールできうる，客観的随伴性があった方略なのかどうか，もう一度考え直す。客観的随伴性があると判断した場合は，もう一度同じ対処行動を行う（問題解決型コーピングの実行）。客観的随伴性がないと判断した場合は，対処方略そのものを考え直す（情動焦点型コーピングの実行）。

(2) 次回の対処行動の確認。

(3) ホームワーク：セッションで実行を決めた対処行動（行動作戦）を実生活でためしてもらい，自分の対処行動とそれが導いた結果の検討に役立てるため，その際の対処行動の様子と結果を観察・記録してもらう。さらにセッションで学んだ対処行動をサポートする方法（自分にごほうびをあげる，自分をほめる）を実生活でためしてもらい，その実施状況を観察・記録してもらう。

セッション3（作戦3：自分ひとりでも，行動作戦ができるようになろう！）

(1) ホームワークの評価：ホームワークとなっていた対処行動を行った結果，うまくいったかどうか，自分の行動で結果をコントロールすることができたかどうか（主観的随伴性），の2点について検討する。

・ホームワークがうまくいった場合：自己強化を実施させ，セッション1で

考え出した対処方略のうち，次にやりやすい対処行動を試みることを決定。

・ホームワークがうまくゆかなかった場合：対処行動の結果について原因帰属の観点から検討し，実際に自分の行動でコントロールできうる，客観的随伴性があった方略なのかどうか，もう一度考え直す。客観的随伴性があると判断した場合は，もう一度同じ対処行動を行う（問題解決型コーピングの実行）。客観的随伴性がないと判断した場合は，対処方略そのものを考え直す（情動焦点型コーピングの実行）。

(2) セッション全体の振り返り：セッションの全体を振り返って，うまくできたところを自己強化するよう教示し，コーピング・エフィカシーを高める。

(3) これからの対処行動の確認。

(4) セッション全体の復習：セッション全体の流れを穴埋め式に復習してもらうことで，ストレス事態に直面してもあきらめずに対処方略を案出し，そのなかから適切な対処行動を選択・実行する方法に関して知識を定着させ，実生活での活用を促す。

【考　察】

本研究は，ストレス事態への適切な対処行動を通じて随伴経験を増やし，コーピング・エフィカシーを高めて無気力感を軽減する，「随伴性強化プログラム」を作成することが目的であった。まず，本研究における介入・プログラムの内容に関して検討する。これまで海外を中心に，ストレス・コーピング理論（Lazarus & Folkman, 1984）に基づく，思春期の子どもを対象とした問題解決型コーピング・情動中心型コーピングに関する介入研究が数多く行われてきた（Alpert-Gillis, Pedro-Carrol, & Cowen, 1989；Compas, Malcarne, & Fondacaro, 1988；JoAnne, Pedro-Carroll, & Cowen, 1985）。本研究で作成された介入・プログラムは，「ストレス事態への適切な対処行動を通じて随伴経験を増やし，コーピング・エフィカシーを高めて無気力感を軽減する」という目的のためのプログラムであったため，こうしたストレス・コーピングに関する介入研究を参照した上で，学習性無力感研究・コントロール感研究・原因帰属研究などにおける知見を取り入れたプログラムであった。具体的に言えば，問題解決型コーピングと情動中心型コーピングの説明理論として，学習性無力感理論における随伴性認知と，原因帰属理論における内在性次元を，プログラム

で実施したワークブックの内容に導入した。その結果，従来のストレス・コーピング介入プログラムに，以下の4つの改善点がもたらされたと考える。

 1. 問題解決型コーピングと情動中心型コーピングの説明理論に，随伴性認知を導入したことで，2つの対処方略に関する概念がより明確となった。

 例）行動と結果の随伴性がある問題＝問題解決型コーピング
　　　行動と結果の随伴性がない問題＝情動焦点型コーピング

 2. ストレス事態を検討する過程に，原因帰属の内在性次元（外的帰属＝課題の困難度・有力な他者，内的帰属＝努力，能力）を導入したことで，適切なコーピング方略を選択してゆく過程がわかりやすくなった。

 3. 主観的随伴性の判断と客観的随伴性の判断の導入によって，問題解決型コーピングと情動中心型コーピングを選択する際の明確な基準ができた。

 例）主観的随伴性があっても，客観的随伴性のない問題は，問題解決型コーピングに適さない。

 4. 介入の目的が「適切なコーピングによるストレスの軽減」といった漠然としたものから，「ストレス事態への適切な対処行動を通じて随伴経験を増やし，コーピング・エフィカシーを高めて無気力感を軽減する」といった，明確な目的に収斂された。

　次に，本研究における介入・プログラムの内容量，および実施回数について検討する。プログラムを作成するにあたって参照した，ストレス・コーピング関連の介入研究のほとんどは，わが国に比べて学校現場での介入事情が進んでいるアメリカでの研究であったため，いずれも1ヶ月から半年前後の期間で，10セッションから16セッションに及ぶ中長期的なプログラムが中心であった。そのため，プログラムの内容も問題解決技法・リラクセーション法に加えて，ソーシャルスキル・トレーニングや自己教示訓練など複数の技法を組み合わせたパッケージ・介入が多く，したがって量的にも盛りだくさんの傾向にあった。そのためこれらの知見を本研究に援用するにあたっては，「ストレス事態への適切な対処行動を通じて随伴経験を増やし，コーピング・エフィカシーを高めて無気力感を軽減する」といった本研究の目的と，学校現場での中長期的な介入プログラムが実施しにくいわが国における文化的事情とを考慮して，介入内容を問題解決技法中心に絞り，中学校のスクールカウンセラーなどが手軽に実

施できる，1時間×3セッションからなる短期プログラムの作成を行った。

その結果できあがった原案を，現場の中学校教師5名と，臨床心理学を学ぶ大学院生の協力を得て，プログラムの量・表現・レイアウトを中学生に適切なものに修正した結果，随伴性強化介入・プログラムのための，中学生にわかりやすく親しみやすいワークブックが作成された。

〈随伴性強化プログラムの実施を通じた，無気力感改善要因の検討〉

【目　的】

ストレス事態への適切な対処行動を通じて随伴経験を増やし，コーピング・エフィカシーを高めて無気力感を軽減する「随伴性強化プログラム」の実施を通じて，無気力感改善要因を検証することを目的とする。

【方　法】

1. 事　例

公立中学校に通う中学1年生の女子生徒，A子，13歳。

なおプログラム実施前に，A子に無気力感尺度を回答してもらったところ，得点の合計が83点であった。この得点は，第4章・第1節で中学生1,114名に実施した同尺度の無気力感高群のカットポイント得点である79.47点（平均点+1SD以上）よりも高い数値であり，A子は中学生のなかでも無気力感の高い層に位置すると判断された。

2. 主　訴

中学校に入学してから仲のよかったクラスメートのD子をめぐって，たびたび女子生徒どうしでいざこざがあった。ここに来て最近，そのD子が自分に冷たいので，学校に来るのも嫌で休みがちである。自分としては，D子とまた以前のように仲良くなりたいと思っている，とのことだった。

3. 既往歴

担任教師からの情報によると，小学校の頃から度々学校を休んでいたようだとのことだった。

4. 家族歴

父親（自営業）・母親・中学1年生の本人・小学5年生の弟・保育園に通う

妹との，5人暮らしである。

5. プログラム実施日時・場所

200X年12月，プログラム実施者が心の教室相談員をしている公立中学校の相談室内にて，プログラムを実施した。

第1セッション：200X年12月14日

第2セッション：200X年12月19日

第3セッション：200X年12月21日

第4セッション：200X年12月25日（ポストテストの回答のみ）

6. プログラム材料

先に作成した「やる気をだすための行動作戦プログラム」のためのワークブック全3冊と，プログラム効果の検討のため，以下の4つの指標からなる，プリテスト（はじめる前にやってみよう！テスト）・ポストテスト（やった後にやってみよう！テスト）を実施した。

「ストレス反応尺度（三浦・坂野・上里，1998）」

「不機嫌・怒り」「無気力」「抑うつ・不安」「身体的反応」の4因子・20項目からなる，中学生のストレス反応を測定できる状態尺度であった。

「無気力感尺度（笠井ら，1995）」

意欲減退・身体的不全感，充実感・将来の展望の欠如，消極的友人関係，無力感・あきらめ，積極的学習態度の欠如の5因子・30項目からなり，中学生の無気力感を，心理・社会的背景を考慮したより広い観点から測定できる特性尺度であった。

「中学生版・主観的随伴経験尺度」

第2章・第1節で作成した，随伴経験（行動で結果がコントロールできた経験）および非随伴経験（行動で結果がコントロールできなかった経験）の2因子・30項目からなる特性尺度であった。

「中学生用・コーピング・エフィカシー尺度」

第2章・第2節で作成した，ストレス事態への対処の自信を測定する尺度である。「勉強場面におけるコーピング・エフィカシー」「友人関係におけるコーピング・エフィカシー」「先生との関係におけるコーピング・エフィカシー」の3因子・27項目からなる，特性尺度であった。

なお,「無気力感尺度」「中学生版・主観的随伴経験尺度」「中学生用・コーピング・エフィカシー尺度」は特性尺度であったため,プログラム全体の効果を見るため第 1 セッション (プリ・ポスト)・第 3 セッション (プリ・ポスト) にて実施し,状態尺度である「ストレス反応尺度」はプログラム実施中の状態的変化を見るため全セッション (プリ・ポスト) を通じて実施した。

7. 手続き

200X 年 12 月に,プログラム実施を依頼した公立中学校にて,生徒たちの父母向けに「やる気をだすための行動作戦プログラム実施のお知らせ」という告知文を,全校生徒向けに「やる気をだすための行動作戦プログラムに参加しませんか?」という告知文をそれぞれ発行した。その結果,応募してきた中学生のうち 1 名を対象に,Fig. 5-1-1 の手続きで,プログラムを実施した。

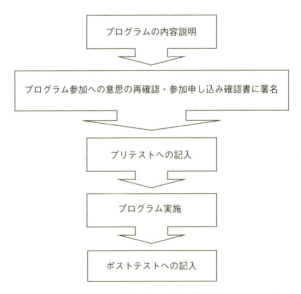

Fig. 5-1-1　随伴性強化プログラム実施の概略 (セッション 1)

【結　果】

以下，プログラム実施者を Co と記す。

第1セッション

まず，「やる気をだすための行動作戦プログラムへの参加にあたって」という説明書（資料2）を渡し，これから行うプログラムの内容と，プリテスト・ポストテストの実施，プログラム実施にあたってのプライバシーの保護について説明した上で，改めてプログラムの参加への意思を確認した。

A子には個人セッションであることを伝えておいたが，この日たまたま友人B子・C子と来室。A子は友達と一緒にプログラムをやりたいとのことだったので，参加したいというB子も加えたグループセッションとなった。

はじめに「ストレス反応尺度」「無気力感尺度」「主観的随伴経験尺度」「コーピング・エフィカシー尺度」からなるプリテストを実施したが，3人がテスト項目に関わるそれぞれの体験について雑談しはじめたので，Coが「テストの間はおしゃべりしないでね」と伝えた。プリテスト実施後，ワークブックに沿ってプログラムを実施。途中，B子の気が散っている様子だったので，Coが「やるのが面倒くさいようなら，途中で止めていいよ」と伝えたところ，「そうする」とのことだったので，第1セッションのプログラム後半からはA子のみの実施となった。

まずA子に，最近学校で経験した3つのストレス事態をあげてもらった。そして，そのなかでもA子本人が「もしかしたら，自分の力で変えられる（主観的な随伴性がある）」と評価した「D子とうまくゆかない」といったストレス事態を，本プログラムで取り上げることに決定した。次に「D子とうまくゆかない」といったストレス事態を，ワークブックに沿って「D子と前のように仲良くなりたい」といった肯定的な目標に設定し直し，その目標を達成するための対処方法を思いつく限り考えてもらった。そしてそのなかから，A子が実行する自信があると評価した「D子に手紙で自分の気持ちを伝える」という対処行動を，次週までのホームワークとすることに決定した。ワークブック終了後，プリテストと同じ尺度からなるポストテストへの回答を促したが，「長いからやりたくない」とのことだったので，Coが「じゃあ，真ん中の心理テスト（無気力感尺度）はやらなくていいから，後のはやれる？」と聞くと，「やれる」と

のことだったので,「ストレス反応尺度」「主観的随伴経験尺度」「コーピング・エフィカシー尺度」からなる項目に回答させた。その後,次回までのホームワークを確認し,終了した。

〈第1セッションにおけるA子の印象〉
　プログラム実施前にA子に確認した時は,グループセッションよりも個人セッションを希望していたが,セッション当日は,通常の相談室への来室同様に友人とともに来室した。その方がA子にとってリラックスできるのかもしれないと判断して友人の同席を認めたが,しばしば友人との雑談でセッションが途切れる場面が見られた。しかし,雑談しながらも最後までプログラムに取り組んでいたため,本プログラムに対しての動機づけは高いと判断した。

第2セッション
　前回とは違って,A子のみで来室。まず「ストレス反応尺度」からなるプリテストに回答してもらった後,前回セッションの感想を聞くと「(ワークブックの中で)切ったり貼ったりするのが面白かった。でも,初めと終りのテストがめんどうだった」とのことだった。その後,相談室で待ち合わせていたらしいC子が来室。第1セッションのようなおしゃべりが心配だったので,A子とCoが相談室内の廊下側にある机の上でセッションを行い,C子は同じ部屋の窓側にあるソファでセッションが終わるまで,好きな絵を描いていてもらって待ってもらうことにした。
　前回のホームワークであった「D子に手紙で自分の気持ちを伝える」という対処行動の結果について聞いてみたところ,「D子に手紙は出したけれど,さっき渡したから,反応はわからない」とのこと。その対処行動について,ワークブックに沿って,「どのくらいうまくできたか」「どのくらい自分の行動で結果をコントロールできたか(主観的随伴性)」を自己評価してもらったところ,「うまくできなかった」が「わりと自分の力でできた」とのことだった。次にうまくゆかなかった原因を検討するため,原因帰属による対処行動への評価をしてもらったところ,「他の人がじゃまとなって,うまくゆかなかった」「自分の努力が足りなかった」という2つの原因によるとの判断だった。そこでCoが「他の人の行動は自分の力で変えることはできないけれど,努力は自分の力で何とかできるよね」とフィードバックした。その後,ワークブックに沿っても

う一度，ホームワークの対処行動について「実際に自分の行動で結果をコントロールできたかどうか（客観的随伴性）」評価してもらったところ，「もしかしたら，自分の力ですることができた」とのことだったので，A子にとって「D子に自分の気持ちをわかってもらう」という対処行動が，主観的にも客観的にも随伴性があると判断し，再び同じ対処行動を次回までのホームワークとして設定して，D子の反応を待つことにした。ワークブック終了後，「ストレス反応尺度」からなるポストテストに回答してもらった後，セッションを終了した。

〈第2セッションにおけるA子の印象〉

途中若干C子と雑談する場面もあったが，第1セッションよりは落ちついた様子だった。ポストテストに回答した後，「何だか気分がすっきりした」と感想を語っていた。

第3セッション

A子が約束した時間にC子とともに来室。「ストレス反応尺度」「無気力感尺度」「主観的随伴経験尺度」「コーピング・エフィカシー尺度」からなるプリテストを実施したが，テストの中盤あたりからA子の集中力が途切れて，側にいたC子と雑談し始めた。そこで，「A子ちゃん，前回の行動作戦はどんな感じだった？」と，前回のホームワークであった対処行動の評価に注意を向けさせた。前回のホームワークであった「D子に手紙で自分の気持ちを伝える」という対処行動に関しては，「返事が返ってきたけれど，自分が書いたのとは全然違った，どうでもいいような内容だった」とのことだった。

A子にその対処行動について，ワークブックに沿って，「どのくらいうまくできたか」「どのくらい自分の行動で結果をコントロールできたか（主観的随伴性）」を自己評価してもらったところ，「うまくゆかなかった」「あまり自分の力ではできなかった」ということだった。次にうまくゆかなかった原因を検討するため，原因帰属による対処行動への評価をしてもらったところ，本人の評価は「自分の能力ではどうにもできないことだった」との判断だった。その後，もう一度，ホームワークの対処行動について「実際に自分の行動で結果をコントロールできたかどうか（客観的随伴性）」評価してもらったところ，「自分の力では，どうにもできなかった」とのことだったので，「D子に手紙で自分の気持ちを伝える」という対処行動には，A子にとって主観的にも客観的にも

随伴性がないと判断した。そこでワークブックに沿って「自分の力で何とかできない出来事（随伴性のない出来事）」に対する対処行動として,「考え方を変える方法（情動焦点型コーピング）」があることを以下のように教示した。Co「D子ちゃんがA子ちゃんをどう思っているのかは，今回のことだけではわからないけれど，A子ちゃんは自分の力でD子ちゃんを変えることができないって思ったんだよね？　そういう場合は，D子ちゃんを変えようとするのではなくて，A子ちゃんの考え方を変えることの方が，うまくいくことが多いんだよ」。その上で，Co「例えば，『D子ちゃんだけと仲良くなる必要はない』というふうに考え直すとかね」と，情動焦点型コーピングについて例示しながらフィードバックした。A子は「うん，やってみる」とのことだった。

　ワークブック終了後,「ストレス反応尺度」「無気力感尺度」「主観的随伴経験尺度」「コーピング・エフィカシー尺度」からなるポストテストの回答をさせた。「ストレス反応尺度」には回答したものの,「それ以外のテストは，今日はもうやりたくない」とのことだったので，残った「無気力感尺度」「主観的随伴経験尺度」「コーピング・エフィカシー尺度」の各特性尺度は，Coの判断で，A子の都合がいいという4日後に回答を約束して，セッションを終了した。

〈第3セッションにおけるA子の印象〉
　来室した時から，投げやりな様子だった。そのせいかプログラム実施中に気もそぞろで，プログラムに対しても意欲がわかない様子だった。

第4セッション
　第3セッションにて回答がまだだった，3つの特性尺度「無気力感尺度」「主観的随伴経験尺度」「コーピング・エフィカシー尺度」に回答してもらうため，A子に来室してもらった。「午後からお稽古事があるから早く帰りたい」ということだったので，Coが質問項目を読み上げながら回答してもらう形式で，テストを実施した。途中からA子の回答への集中力が途切れた様子だったので，その心理的負担を考え，第1セッションと同様に「無気力感尺度」を実施しなかった。ポストテスト終了後，プログラム全体の感想を聞いたところ,「プログラムそのものは切ったり・貼ったりした作業があって面白かったが，始めと終わりのテストがすごくめんどうだった」とのことだった。

Table 5-1-1 セッション1〜セッション3の，プリテスト・ポストテスト得点の変化

	1-pre	1-post	2-pre	2-post	3-pre	3-post
〈状態尺度〉						
不機嫌・怒り	19	19	13	5	5	7
無気力	20	20	19	18	13	9
抑うつ・不安	20	20	14	5	5	5
身体的反応	17	18	13	14	5	5
ストレス反応総合得点	76	77	59	42	28	26
〈特性尺度〉						
無気力感尺度	83	—	—	—	79	—
随伴経験	49	47	—	—	42	39
非随伴経験	42	38	—	—	39	38
勉強場面 CE	21	19	—	—	13	13
友人関係 CE	24	22	—	—	18	22
先生との関係 CE	8	5	—	—	4	4
CES 総合得点	53	46	—	—	35	39

注1）無気力感尺度に関しては，被調査者の都合により全ては実施しなかった。
注2）CE=コーピング・エフィカシー，CES=コーピング・エフィカシー尺度

〈第4セッションにおけるA子の印象〉

第3セッションに比べると，やや落ちついた様子だった。プログラムのため来室したというより，下校前にちょっと雑談に相談室に立ち寄ったといった印象で，ポストテストに回答するのがやや面倒くさそうであった。

なお，Table 5-1-1に今回のプログラムで実施した指標の結果を示す。

【考　察】

本研究は，ストレス事態への適切な対処行動を通じて随伴経験を増やし，コーピング・エフィカシーを高めて無気力感を軽減する，「随伴性強化プログラム」の実施を通じて，無気力感改善要因を検証することが目的であった。

プログラムは，公立中学校における相談室業務の一環として，希望者を募るという形で実施した。したがって本事例のA子は，このプログラムに自主的に参加希望してきた生徒であった。プログラム実施前におけるA子の無気力感尺度の得点は，合計が83点であり，この得点は第4章・第1節で中学生1,114名に実施した同尺度の無気力感高群のカットポイント得点である79.47点（平均点+1SD以上）よりも高い数値であったため，A子は中学生のなかで

も無気力感の高い層に入ると判断された。

　プログラムは1回1時間×3セッションで実施され，本事例に関しては参加者の都合により，第3セッションで回答されなかったポストテスト（特性尺度）施行のために，第4セッションまで実施した。

　本事例でプリ・ポストテストとして使用した指標は，ストレス反応尺度，無気力感尺度，中学生版・主観的随伴経験尺度，中学生用・コーピング・エフィカシー尺度の4指標であった。なお第1セッションと第3セッションの各ポストテストにおいて，A子がテストに回答することへの負担を訴えたため，プログラム実施者の判断で，無気力感尺度を実施しなかった。テスト項目を減らす判断にあたって無気力感尺度を選んだ理由は，無気力感に関する指標が，ストレス反応尺度内の無気力因子（状態尺度）と無気力感尺度（特性尺度）と2つあったため，今回のセッションの実施期間から考慮して，状態を測定する無気力感因子への回答に絞ったためである。

　Table5-1-1において各指標の変化を検討してみると，ストレス反応尺度とその下位尺度において，第1セッションと第2セッション，および第2セッション第3セッションとの間で顕著な得点の減少が見られた。特に第2セッションのプリテスト・ポストテスト間におけるストレス反応総合得点の減少が著しく，下位因子で見ると「不機嫌・怒り」「抑うつ・不安」において顕著であった。このことは第2セッションにおけるA子の印象においても言及したように，プログラム実施後，気分的にかなりすっきりした様子だったことにも表れているように思う。また，第2セッションのポストテストと第3セッションのプリテストとの間の得点においても，ストレス反応総合得点の減少が著しく，下位尺度で見ると「無気力」「身体的反応」においてその得点の減少が顕著であった。このように「不機嫌・怒り」「無気力」「抑うつ・不安」「身体的反応」全ての下位因子で得点の減少が認められたことから，本プログラムの施行によって，A子のストレス反応が全体的に減少したことが示唆された。また，主観的随伴経験尺度における非随伴経験においても，第1セッションと第3セッションとの間で得点の減少が見られた。このことは，「自分の行動で，結果がコントロールできなかった」という主観的な経験の頻度がわずかに減少したということを示唆するが，セッションにおける課題であった友人関係においては「自分の行

動で，結果がコントロールできなかった」結果に終わっており，この指標の変化は別の要因に起因するものと考えられる。

　一方，主観的随伴経験尺度における随伴経験と，コーピング・エフィカシー総合得点・各下位尺度において，第1セッションと第3セッションとの間の得点に顕著な減少がみられた。この結果は，本プログラムで設定した「D子に自分の気持ちをわかってもらう」という目標が思うように達成できなかったことと，関係があると考えられる。つまり，A子は自分なりに「D子に手紙で自分の気持ちを伝える」といった対処行動を考え，この行動を実行することができたのだが，結果的に望んだ反応がD子から得られなかったため，随伴経験の主観的な頻度が低下し，その結果コーピング・エフィカシーが減少したものと考えられる。このことは，第1セッションのポストテストと第3セッションのプリテストとの間の，友人関係におけるコーピング・エフィカシー得点が減少していることにも示唆されている。同時に，勉強場面におけるコーピング・エフィカシーおよび先生との関係におけるコーピング・エフィカシーにおいても得点が減少しているため，第1セッションと第3セッションの間の期間において，友人関係以外の場面でもストレス事態を経験した可能性が考えられる。

　次に，本プログラムの効果と問題点について，全体的に考察する。まず本プログラム効果についてだが，状態尺度であるストレス反応尺度において，セッション全体を通じて顕著な得点の減少が見られたことは，セッションに参加して「自分のストレス事態に関して話をし，問題点を整理する」といった過程のもたらす，気分的なカタルシスによる効果が考えられる。その結果，本プログラムの目的であった特性的無気力感に関係する，状態的な無気力得点が減少したことは，意義ある効果であったと考える。

　その反面，もう1つの目的であった「随伴経験を増やし，コーピング・エフィカシーを高める」といった点に関しては，得点が減少するといった結果となり，無気力感改善要因としての2変数の妥当性が検証できたとはいえない。このことは，今回課題とした対処行動によって，A子自身が望むような結果が得られなかったという現実的状況の反映であることに加えて，随伴性認知やコーピング・エフィカシーといった特性的な要因を変容するには，1週間あまりで3回ほどの短期的なプログラムでは，その介入効果が十分でなかった可能性が

考えられる。こうしたことから今後は，特性要因の変容に十分な介入期間・セッション数に増やすなどの，プログラム形態における改訂が必要であると思われる。

またもう1つプログラムに関する問題点として，生徒自身の行動を変容させて環境からの随伴性を変化させることそのものが難しいケースが少なからず存在する，ということがあげられる。例えば本プログラムにおいてA子は，彼女なりにD子への対処行動を考え実行したにもかかわらず，結果的にD子から思ったような反応が得られなかった。つまり対処行動そのものは適応的な手段を用いても，成長期途上の中学生どうしの友人関係に見られるように，対処行動の目的が流動的要素を含む対象であった場合，結果が必ずしも随伴しない事態が起こりうることが予想される。こうしたことから，本プログラムの結果，中学生を対象とした無気力感改善のための介入には，生徒自身の対処行動そのものに働きかけて随伴経験を増加させることの限界点と，その行動の結果をコントロールする側，つまり生徒の環境自体への働きかけの必要性とが合わせて示唆されたと考えられる。

最後に，プログラム施行上の問題点について検討する。第1セッションと第3セッション実施中に，参加者のA子から「プリテスト・ポストテストへの回答が面倒くさい」といった内容のコメントが何度か聞かれた。第1セッションと第3セッションでは，「ストレス反応尺度（全20項目）」「無気力感尺度（全30項目）」「主観的随伴経験尺度（全30項目）」「コーピング・エフィカシー尺度（全27項目）」計107項目からなるテストをプリ・ポストで実施しようと試みたが，分量的に中学生には負担の大きい項目数だった可能性が考えられる。こうしたことから今後は，尺度の短縮版の作成や，少ない項目数からなる代替尺度に変更するなどの方法によって，プリテスト・ポストテストにおける参加者の回答への負担を減らす工夫が必要であろう。また，今回のプログラムは個人を対象としたセッションであったが，同席者がいるなど，結果的には個人セッションとはいいがたい状況での実施だった。そのため，同席した友人と雑談するなど，参加者のプログラムへの集中力が散漫になる場面があった。こうしたことから今後は，参加者のプログラムへの集中力・動機づけをより高めるために，プログラム実施中は参加者以外の同席は制限するなどの，場の統制が必要

であると考えられる。

第 2 節　無気力感改善要因の検討（2）―教師への予防・対処マニュアルを通じた介入〈研究 11〉

〈中学生のための無気力感予防・対処マニュアルの作成〉

【目　　的】
　第 1 節では，生徒自身がストレス事態への適切な対処行動を行って随伴経験を増やし，コーピング・エフィカシーを高めて無気力感を軽減する「随伴性強化プログラム」を作成・実施したが，生徒自身の行動を変容させて環境からの随伴性を変化させるには難しい点もあった。こうしたことから本節では，中学生における行動の結果をコントロールする要因の 1 つであり環境の 1 部であるといえる教師を，生徒の行動に対する環境からの随伴性に関与する存在と捉え，生徒の行動への直接的介入ではなく教師を通じた間接的介入を前提とした，マニュアル作成を行うこととする。具体的には，第 4 章で実証された知見をもとに，随伴経験を通じたコーピング・エフィカシーを増加させ，コーピング・エフィカシーを通じた思考の偏り軽減を目的とした，教師実施型の「中学生のための無気力感予防・対処マニュアル」を作成することを目的とする。

【方　　法】
　1. 被調査者
　公立中学校の教師・養護教諭・相談員，計 3 名。
　2. 手続き
　中学生の無気力感を予防・改善するための，教師が生徒対象に実施する介入マニュアルを作成した。また作成した冊子の内容妥当性を検討するため，マニュアルの実施を依頼した中学校教師 3 名に内容の説明・使用方法等を説明し，マニュアルを実施した後に以下の項目に関する質問に，「当てはまらない：1 〜 当てはまる：5」の 5 件法で回答してもらった。

マニュアルの評価項目

　教師にとって「生徒指導に役立つ」「生徒理解に役立つ」「生徒との関係づくりに役立つ」，生徒の「無気力感の改善に役立つ」「教師への極端な考えの改善に役立つ」「勉強での極端な考えの改善に役立つ」「友人関係での極端な考えの改善に役立つ」「自分への極端な考えの改善に役立つ」「勉強での何とかできる自信の改善に役立つ」「生徒の友人関係での何とかできる自信の改善に役立つ」「生徒の教師との関係での何とかできる自信の改善に役立つ」の，以上11項目であった。なおコーピング・エフィカシーと思考の偏りを問う項目に関しては，表現のわかりやすさを考慮して「偏った思考→極端な考え」「コーピング・エフィカシー→何とかできる自信」といった表現に意訳して提示した。

【結　果】

　マニュアルは「中学生における無気力感の仕組み」「中学生における無気力感の予防方法」「中学生における無気力感のタイプ別・対応方法」の3章構成で，教師が生徒を対象に実施する冊子型式のマニュアルであった（資料3）。「中学生における無気力感の仕組み」では，第4章の結果をもとに，中学生の無気力感構造が，随伴経験→コーピング・エフィカシー→無気力感といった経路と，非随伴経験→思考の偏り→無気力感，コーピング・エフィカシー→思考の偏りといった，主に3つの経路から形成されている可能性があることを解説した。さらに思考の偏り下位尺度間の関係性を加えた無気力感構造に関しても，教師への偏った・友人関係での偏った思考・自己への偏った思考の効果が勉強への偏った思考へと収束して，将来の無気力感を形成する可能性に関して説明を行った。続く「中学生における無気力感の予防方法」では，第4章で随伴経験およびコーピング・エフィカシーが，将来の無気力感へ与える総合的効果が高い結果となったことと，随伴経験・非随伴経験がともに将来の無気力感に直接的に影響を与えていた結果を踏まえて，随伴経験を通じたコーピング・エフィカシーの増加と，非随伴経験と思考の偏り低減を通じた，無気力感予防のための対応方法を「学習・課題場面」「教師－生徒場面」「日頃の対人関係場面」に分けて提案した。そして「中学生における無気力感のタイプ別・対応方法」では，中学生の無気力感のタイプを「*動機づけ優位タイプ（随伴経験の乏しさからくるコーピング・エフィカシーの低いタイプ）*」と，「*認知の歪み優位タイプ（非*

随伴経験の多さからくる思考の偏りの高いタイプ）」とに分け，それぞれのタイプに応じた「学習・課題場面」「教師－生徒場面」「日頃の対人関係場面」における具体的な対応方法を提案した。「動機づけ優位タイプ（随伴経験の乏しさからくるコーピング・エフィカシーの低いタイプ）」には（1）学習に対して，興味や取り組む意欲が感じられない，（2）対人関係場面で，自分から関わる意欲が見られない，（3）気持ちのエネルギー自体が低下している，といった3点をチェック項目として設けた。一方，「認知の歪み優位タイプ（非随伴経験の多さからくる思考の偏りの高いタイプ）」には，(1) 学習に対して投げやり・拒否的な反応を示す，(2) 対人場面でうまく関われないことが多く，人との関わりに回避的・拒否的な態度を示す，(3) 不満や怒りといったエネルギーはあるが，問題への拒否・回避行動に転化されている，といった3点をチェック項目として設けた。

さらにマニュアルの内容妥当性を検討するため，教師3名にマニュアルの評価項目に基づき本マニュアル評定してもらった（Table 5-2-1）。生徒指導・生徒理解・生徒との関係づくりに関する教師によるマニュアルの評価は，5段階評価の平均で4以上との結果となった。また生徒への効果の評定は，無気力感の改善，教師への極端な考えの改善，教師との関係での何とかできる自信の改

Table 5-2-1　教師による「無気力感予防・対処マニュアル」の評価　($n=3$)

	平均値（標準偏差）
生徒指導に役立つ	4.0 (0.00)
生徒理解に役立つ	4.3 (0.47)
生徒との関係づくりに役立つ	4.3 (0.47)
生徒の無気力感の改善に役立つ	4.3 (0.47)
生徒の教師への極端な考えの改善に役立つ	4.0 (0.82)
生徒の勉強での極端な考えの改善に役立つ	3.3 (0.94)
生徒の友人関係での極端な考えの改善に役立つ	3.3 (0.47)
生徒の自分への極端な考えの改善に役立つ	3.7 (0.47)
生徒の勉強での何とかできる自信の改善に役立つ	3.3 (0.94)
生徒の友人関係での何とかできる自信の改善に役立つ	3.3 (0.47)
生徒の教師との関係での何とかできる自信の改善に役立つ	4.0 (0.82)

注）極端な考え＝偏った思考の意訳。
　　何とかできる自信＝コーピング・エフィカシーの意訳。

善に関する項目で平均4以上との結果となった。勉強での極端な考えの改善，友人関係での極端な考えの改善，自分への極端な考えの改善，勉強での何とかできる自信の改善，友人関係での何とかできる自信の改善に関する項目は，全て平均3以上の評価であった。

【考　　察】

本研究で作成した介入マニュアルは，中学校の教師が生徒対象に実施してもらう形式の，「中学生のための無気力感予防・対処マニュアル」であった。教師は中学生にとって，学業・部活・学校生活場面において自分の行動の結果をコントロールする要因の1つであり，環境の一部である。また第4章におけるモデル検証結果においても，行動からの結果の随伴性の指標である随伴経験が，直接的にも間接的にも将来の無気力感へ与える影響が示唆された。こうしたことを踏まえて，生徒にとっての環境の一部である教師を通じて，生徒の行動に対する環境からの随伴性を高める試みとして，本マニュアルを作成した。その結果，中学生における無気力感のメカニズムに基づいた，予防・改善のための実証研究ベースのマニュアルが作成できたと考える。また実際に現場の教師に実施してもらう形式のマニュアル内容であったため，実証結果に基づく理論主体の内容ではなく，日々の指導で教師が実施できる具体的例示やヒントを盛り込んだ内容となった。実際，教師評定の結果も，生徒指導・生徒理解・生徒との関係づくりに関する教師によるマニュアルの評価は，5段階評価の平均で4以上という結果となり，教師にとってのマニュアルの実用性が裏づけられた結果と考える。一方生徒への効果に関する評定は，無気力感の改善，教師への極端な考えの改善，教師との関係での何とかできる自信の改善に関する項目で平均4以上との結果となった。本マニュアルの最終的な目標である無気力感の改善に関して評価を受けたことは，本マニュアルの内容妥当性が支持されたものと考える。また教師に関する項目が評価を受けたことは，教師が主体となって生徒に関わるマニュアルであったことから，実施による生徒の教師との関係や教師への考え方への効果が反映されたものと考える。他方，勉強での極端な考えの改善，友人関係での極端な考えの改善，自分への極端な考えの改善，勉強での何とかできる自信の改善，友人関係での何とかできる自信の改善に関する項目については，全て平均3以上の評価であった。中程度の評価項目が対教師

以外であることを考慮すると，教師が直接にはコントロールしにくい要因を含んでいる項目ともいえ，介入効果を直接的に実感しにくい可能性があることが予想される。こうしたことから，今後は教師が実施する形式である本マニュアルの特徴を踏まえて，勉強や友人関係といった場面に関するマニュアルの効果を再検討し，内容改善を図る必要があると考える。

〈予防・対処マニュアルによる介入を通じた，無気力感改善要因の検討〉

【目　的】
　随伴経験を通じたコーピング・エフィカシーの増加，およびコーピング・エフィカシーを通じた思考の偏りの軽減を目的とした，教師実施型の「中学生のための無気力感予防・対処マニュアル」を用いた介入を通じて，中学生における無気力感の改善要因を検証する。

【方　法】
　1. 被調査者
　評定者：埼玉県内の公立中学校の教育相談担当教員（女性）。
　対象生徒：担当教員から無気力感が高いと評定された，相談室登校の中学2年生の女子生徒。

　2. 事　例
　公立中学校に通う中学2年生の女子生徒14歳。家庭事情もあり情緒的に安定できず，非行行動が見受けられる。学校では授業には参加しているが，集団行動になじめない傾向があるため，放課後など教育相談担当教員が個別に関わっている。勉強はやればできる知的能力があるものの，本人の学業に対する意欲が見受けられない。
　実施前の教員による行動評定では，無気力感レベルは5段階中4であったことから，無気力感の比較的高い生徒と判断した。また無気力感タイプ別のチェック項目では，「動機づけ優位タイプ」の（1）学習に対して，興味や取り組む意欲が感じられないに1つ，一方「認知の歪み優位タイプ」の（1）学習に対して投げやり・拒否的な反応を示す，（2）対人場面でうまく関われないことが多く，人との関わりに回避的・拒否的な態度を示す，（3）不満や怒りといったエ

ネルギーはあるが，問題への拒否・回避行動に転化されている，3つ全ての項目にチェックがついたことから，「認知の歪み優位タイプ」であると判断した。

3. 手続き

マニュアル実施材料

マニュアル実施の際，以下の実施材料を用いて行った。

「中学生のための無気力感予防・対処マニュアル」

「個人カルテ（チェックシート）」：生徒に関する情報を記入するチェックシート（資料4）。

「対応シート」：教員の対応の経過と，研究実施者[1] フィードバック用シート（資料5）。

「生徒さんに関するアンケート」：教員による当該生徒の行動評定。

教員への事前説明

公立中学校内で相談室登校をしている生徒に対して，教育相談担当として個別対応をしている教員に，介入マニュアルの実施を依頼した。なお介入依頼にあたって，実施協力者である教員に，マニュアルの内容説明および実施の趣旨・概要の説明を行った。

実施方法

介入マニュアルを参照して個別形式で生徒に介入してもらい，原則月1回研究実施者が生徒に関する報告を教員から受け，対応に関するフィードバックを教員に行う方式で，3ヶ月間実施した。具体的な実施の流れは以下の通りである（Fig. 5-2-1）。

(1) 研究実施者が教員にマニュアルの内容・実施方法を説明。

(2) 生徒に関する行動評定の実施（プリテスト）。

(3) 担当教員に当該生徒に関する基本情報をチェックシート，および現在具体的にどういった対応をしているか対応シートに記入してもらい，研究実施者へ送付してもらう。

(4) 研究実施者が対応シートにフィードバックを記入，担当教員へ送付。

(5) 担当教員が研究実施者のフィードバックに基づき介入，その結果を対応

---

[1] 子どもの臨床に従事し，(財)日本臨床心理士資格認定協会による臨床心理士の資格を取得している。

第 2 節　無気力感改善要因の検討（2）

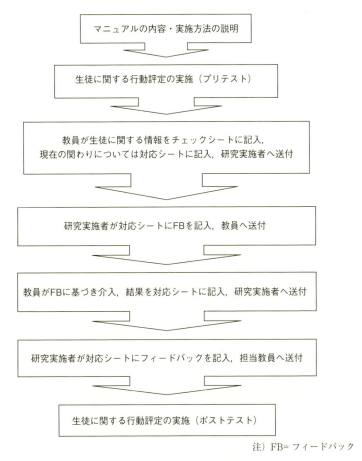

注）FB＝フィードバック

Fig. 5-2-1　マニュアル実施の概略

シートに記入，研究実施者へ送付。
(6) 研究実施者が対応シートにフィードバックを記入，担当教員へ送付。
(7) 生徒に関する行動評定の実施（ポストテスト）。

指　標

　当該生徒が質問紙に回答することに抵抗を覚え担当教員との信頼関係が崩れる可能性があるとのことで，生徒に関する指標は教員による行動評定のみとなった。

なお生徒に関する行動評定項目は，担当教員による介入（随伴経験の増加）を独立変数とし，その従属変数として「無気力感」「教師への極端な考え（教師への偏った思考）」「勉強への極端な考え（勉強における偏った思考）」「友人への極端な考え（友人関係での偏った思考）」「自分自身への極端な考え（自己へ

Table 5-2-2　生徒に関する行動評定基準

無気力感
　学習への興味・意欲が見られない
　対人関係（友人・教師など）において，積極的に関わる意欲が見られない
　部活・特技・趣味など，特定の目標への興味・意欲が見られない

教師への極端な考え
　教師への態度・考え方に，極端なところがある
　例）先生のいうことは全く信用できない，先生のいうことは絶対まちがっている

勉強への極端な考え
　勉強への態度・考え方に極端なところが見られる
　例）今から勉強しても絶対に無理だ，いくら勉強をやっても無駄だ

友人関係への極端な考え
　友人への態度・考え方に極端なところが見られる
　例）友達から反応がないのは自分をバカにしているからだ，友達はいつも自分に対して
　　　気をつかうべきだ

自己への極端な考え
　自分への態度・考え方に極端なところが見られる
　例）他人がほめられると自分は全くだめなんだと思う
　　　他の人ができているところが自分だけできないなんて全然だめだ

勉強への何とかできる自信
　勉強でうまくいかないことがあっても，自分なりに努力・工夫して何とかできる自信が
　見られる
　例）成績が上がらなかったら，勉強のやり方を工夫することができる
　　　わからなくなったら，後で自分なりに勉強できる

友人関係での何とかできる自信
　友人関係でうまくいかないことがあっても，自分なりに努力・工夫して何とかできる自
　信が見られる
　例）友達とうまくいかなくなったら，話し合うことができる
　　　友達とうまくいかなくなったら，他の人に相談することができる

先生との関係での何とかできる自信
　先生との関係でうまくいかないことがあっても，自分なりに努力・工夫して何とかでき
　る自信が見られる
　例）先生に不満を感じても，悪く思わないようにすることができる
　　　先生に悪い点を注意されたら，その点を直すよう努力することができる

の偏った思考)」「勉強での何とかできる自信(勉強におけるコーピング・エフィカシー)」「友人関係での何とかできる自信(友人関係でのコーピング・エフィカシー)」「先生との関係での何とかできる自信(教師との関係におけるコーピング・エフィカシー)」の8項目を実施した。マニュアルの評定項目同様,コーピング・エフィカシーと思考の偏りを問う項目に関しては,表現のわかりやすさを考慮して「偏った思考→極端な考え」「コーピング・エフィカシー→何とかできる自信」といった表現に意訳して提示した。なお行動評定は,行動評定基準の説明を教員に行った上で実施した(Table 5-2-2)。また行動評定項目は,マニュアルの実施前・実施後に,「マニュアルを実施した生徒さんに関して,以下の項目内容に当てはまる番号に○をおつけください」と教示し,「ほとんどない:1～とてもある:5」の5件法で回答してもらった。

【結　果】

　担当教員による介入実施前の行動評定は,他者と自分自身への偏った思考が高く,一方コーピング・エフィカシーは全般的に低いという結果となった。また無気力感のタイプ別のチェックリストの結果「認知の歪み優位タイプ」の可能性が高いことが想定された。こうしたことから,本人の無気力感は主に友人関係および自己への偏った思考に起因している可能性があること,そしてそれはこれまでの重要な人間関係(特に親子関係など)の経験から対人不信が高まり,それに伴い「友人関係における偏った思考」が増加,また自己存在への信頼感も低下して「自己への偏った思考」が増加した可能性があると見立てた。以上の見立てから,当該生徒に関してはまずコーピング・エフィカシーを増加させ,その効果により間接的に自他への思考の偏りを緩和し,無気力感を低下させる介入が適当だと判断した。そこで引き続き担当教員と当該生徒との信頼関係を築いて「人へ関わることへの安心感」を確保し,その安心できる関係のなかで,本人の得意なことを通じての関わりをしてもらい,コーピング・エフィカシーを醸成してもらうようフィードバックした。担当教員は当該生徒との日頃の関わりから音読が得意であることを知っており,3年生の卒業式を祝う会を目指してそのナレーターをやらせることを目標に介入する方法を考案した。そして1対1の関わりの中で本人に音読をさせフィードバックを行うという方法で,当該生徒への随伴的関わりを継続していった。その結果プリテストに比

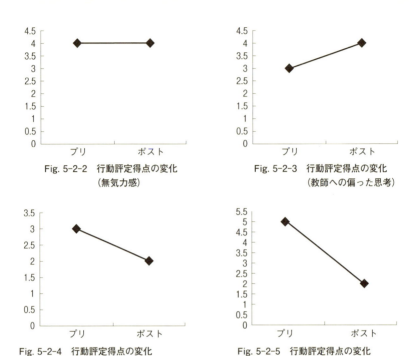

Fig. 5-2-2 行動評定得点の変化（無気力感）

Fig. 5-2-3 行動評定得点の変化（教師への偏った思考）

Fig. 5-2-4 行動評定得点の変化（勉強における偏った思考）

Fig. 5-2-5 行動評定得点の変化（友人関係での偏った思考）

べて，勉強における偏った思考，友人関係での偏った思考，自己への偏った思考の，ポストテストの行動評定得点が低下した（Fig. 5-2-4 〜 5-2-6）。またプリテストに比べて，勉強におけるコーピング・エフィカシー，友人関係でのコーピング・エフィカシー，教師との関係におけるコーピング・エフィカシーの，ポストテストの行動評定得点が増加した（Fig. 5-2-7 〜 5-2-9）。ただ無気力感における行動評定得点には変化がなく，また教師への偏った思考における行動評定得点はプリテストに比べてポストテストの方が増加する結果となった（Fig 5-2-2；Fig 5-2-3）。

【考　察】

　本研究では，無気力感が高いと考えられる生徒を対象に，中学生のための無気力感予防・対処マニュアルに沿って，教育相談担当教員によって介入を行ってもらい，その効果を行動評定にて検討した。その結果，勉強・友人関係・自己における各偏った思考において得点が減少し，勉強・友人関係・教師との関

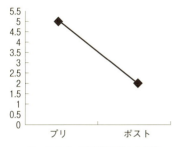

Fig. 5-2-6　行動評定得点の変化
　　　　　　（自己への偏った思考）

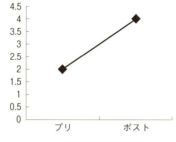

Fig. 5-2-7　行動評定得点の変化
　　　　　　（勉強におけるコーピング・
　　　　　　エフィカシー）

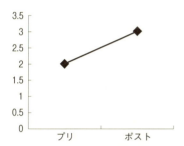

Fig. 5-2-8　行動評定得点の変化
　　　　　　（友人関係でのコーピング・
　　　　　　エフィカシー）

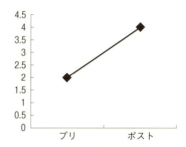

Fig. 5-2-9　行動評定得点の変化
　　　　　　（教師との関係におけるコー
　　　　　　ピング・エフィカシー）

係における各コーピング・エフィカシーにおいて得点が増加した。このことは当該生徒が，担当教員との安定した信頼関係のなかで，音読→教員からの肯定的なフィードバック→自分の行動で結果をコントロールできた経験の認知→音読行動への自信といった流れで，コーピング・エフィカシーが醸成された結果と考える。つまり担当教員が随伴的環境を「音読」を通じて育み，その結果，当該生徒が自分の行動で結果をコントロールできた経験即ち随伴経験を積むことが可能となり，当該行動におけるコーピング・エフィカシーの増加，そして他場面のコーピング・エフィカシーの般化へとつながったと考えられる。またその結果，勉強・友人関係・自己における偏った思考が低減したことは，本研究の第4章にて無気力感モデルの構築を通じて実証した「コーピング・エフィカシーが思考の偏りを軽減する」といった因果仮説を裏づける結果と考える。実

際に介入後の担当教員の所見にも,「ナレーターの練習時に満足そうな様子が見受けられた」「自分の気持ちを正直に話すようになった」等,当該生徒の肯定的な変化を裏づける記載があった。

一方,教師への偏った思考の行動評定得点がプリテストに比べてポストテストの方が増加した結果については,ポストテスト時に担任教員（男性）との関係があまり良くないとの報告を受けたことと関連している可能性が考えられる。また無気力感得点がプリテストとポストテストとで変化が見られなかったことは,本研究・第4章・第3節の時間的要因を入れた無気力感モデルの検討箇所で,time1の随伴経験から直接的・間接的（time2のコーピング・エフィカシー経由）にtime4の無気力感へのパスが確認されたことからも,ある時点の随伴経験の効果が将来の無気力感改善へとつながるには,もう少し時間がかかる可能性が示唆されたとも考えられる。

以上の無気力感予防・対応マニュアルの実施結果を通じて,中学生における無気力感改善要因を改めて検証すると,本節では無気力感そのものへの効果は確認できなかったものの,随伴経験がコーピング・エフィカシーを増加させ,随伴経験を通じたコーピング・エフィカシーが思考の偏りを軽減させるといった第4章における因果モデル仮説が一部支持されたことから,随伴経験およびコーピング・エフィカシーが,中学生における無気力感改善要因として,その効果が期待される可能性が示唆されたと考える。

第3節　本章のまとめ

第4章での中学生の無気力感因果モデル検証結果において,随伴経験およびコーピング・エフィカシーが無気力感改善要因として効果が高い可能性があること,そして行動と結果の随伴性指標である随伴経験が,直接的にも間接的にも将来の無気力感へ与える影響が示唆された。こうした結果を受けて本章では,中学生にとって環境に働きかけて結果をコントロールできた経験そのものと,その経験を通じて形成される対処行動への自信とが,無気力感軽減に重要な影響を与えていると判断し,随伴経験を通じたコーピング・エフィカシー増加のための介入を行い,2変数の無気力感改善要因としての妥当性を検証すること

第 3 節　本章のまとめ　　111

が目的であった。

　第 1 節では，ストレス事態への適切な対処行動を通じて随伴経験を増やし，コーピング・エフィカシーを高めて無気力感を軽減する「随伴性強化プログラム」を作成し，無気力感の高い生徒へのプログラム実施を通じて，無気力感改善要因を検証することが目的であった。本節では「ストレス事態への適切な対処行動を通じて随伴経験を増やし，コーピング・エフィカシーを高めて無気力感を軽減する」といった目的と，学校現場での中長期的な介入プログラムが実施しにくいわが国における文化的事情との 2 点を考慮して，ストレス・コーピング理論（Lazarus & Folkman, 1984）に基づく問題解決技法を参照に，学習性無力感研究・コントロール感研究・原因帰属研究などにおける知見を取り入れた，1 時間×3 セッションからなる短期プログラムを作成した。プログラムは「やる気をだすための行動作戦プログラム」と命名され，「作戦 1：うまくゆかない出来事を解決する作戦を決める」「作戦 2：行動作戦の結果から，新しい作戦を立ててみよう！」「作戦 3：自分ひとりでも行動作戦ができるようになろう！」の 3 冊のワークブックを中心に構成された。続いて，作成したプログラムを用いて，無気力感の高い女子中学生への介入を実施し，その効果の検討を行った。その結果，全 3 セッションを通じて，状態尺度であるストレス反応尺度得点・下位因子得点全般において，顕著な得点の減少が見られた。一方，特性尺度である随伴経験得点とコーピング・エフィカシー得点においては，第 1 セッションと第 3 セッションとの間で，顕著な得点の減少が見られた。この結果から，本プログラムにおける各セッションの効果として，「自分のストレス事態に関して話をし，問題点を整理する」といった過程のもたらす気分的なカタルシスによる，無気力感を含めたストレス反応の低下が示唆された。その反面プログラムのもう 1 つの目的である「随伴経験を増やし，コーピング・エフィカシーを高める」という点に関して効果が見られなかった。このことは，プログラム課題とした対処行動によって参加者が望む結果が得られなかったという現実的状況の反映と，随伴性認知やコーピング・エフィカシーといった特性的な要因を変容するには，本研究で作成した短期的なプログラムでは効果が十分でなかった，といった可能性が示唆された。こうしたことから，特性要因の変容に十分な介入期間・セッション数に増やすなどの，プログラム形態における

改訂の必要性が考えられた。

　プログラム施行上の問題点については，参加者の様子から，第1セッション・第3セッションにて用いたプリテスト・ポストテストに関して，分量が多いことへの心理的負担が見られた。また，今回のプログラムは個人セッションであったものの，全セッションとも同席の友人がおり，雑談するなど参加者のプログラムへの集中力が散漫になる場面があった。以上の2点から，今後プログラムの施行にあたっては，(1) プリテスト・ポストテストの回数や項目数を減らして，参加者の回答への負担を軽減する工夫をする，(2) 参加者のプログラムへの集中力・動機づけを高めるために，プログラム実施中は参加者以外の同席は制限するなど場の統制を行う，といった2点の改善が必要であると考えられる。

　第2節では，生徒の無気力感改善を図るため，主に随伴経験を通じたコーピング・エフィカシーの増加，およびコーピング・エフィカシーを通じた思考の偏りの軽減を目的とした，教師実施型の「中学生のための無気力感予防・対処マニュアル」を作成し，その実施を通じて，無気力感の改善要因を検討することが目的であった。

　先の第1節では，生徒自身がストレス事態への適切な対処行動を行って随伴経験を増やし，コーピング・エフィカシーを高めて無気力感を軽減する「随伴性強化プログラム」を作成・実施したが，その結果から，生徒自身の行動を変容させて環境からの随伴性を変化させるには難しい点があることが明らかになった。こうしたことから第2節では，生徒の行動への直接的介入ではなく，教師を通じて生徒への間接的介入を試みた。中学生にとって学校生活はその生活の大半を占めるものであり，その大半の場面に関わる教師は，中学生の行動の結果をコントロールする要因の1つであり，環境の一部であるといえる。つまり教師は，生徒の行動に対する環境からの随伴性に関与している存在と考えられる。こうしたことから本節では，生徒にとって環境の一部である教師を通じて，生徒の行動に対する環境からの随伴性を高めることを主たる目的に，教師実施型の「中学生のための無気力感予防・対処マニュアル」冊子を作成した。その結果，中学生における無気力感のメカニズムに基づいた，予防・改善のための実証研究ベースのマニュアルが作成できたと考えられる。

第3節 本章のまとめ

　続いて作成したマニュアルを実際に教師に使ってもらい，生徒への介入を通じて，随伴経験およびコーピング・エフィカシーが思考の偏りや無気力感に与える影響を検討した。その結果，勉強・友人関係・自己における各偏った思考において得点が減少し，勉強・友人関係・教師との関係における各コーピング・エフィカシーにおいて得点が増加した。この結果から，生徒にとっての環境の一部である教師からの随伴的関わりが，コーピング・エフィカシーを高め，思考の偏りを改善することが示唆されたといえる。ただし本節における介入はシングルケースであり，かつ当該生徒が質問紙に回答することに抵抗を覚え担当教員との信頼関係が崩れる可能性があるとのことで，生徒に関する指標を測定することができなかった。その結果，生徒に関する指標は教師による行動評定となり，またシングルケース・スタディに沿った実験デザインを行うことも不可能であった。こうしたことから本節における結果は，(1) 指標が教師による行動評定であり生徒の主観的指標ではないこと，(2) 指標結果が統計処理を経ていないことという2点の理由から，すぐに一般化することはできないと考える。また本節における介入は認知の歪み優位型の生徒への対処ケースであったことから，今後は動機づけ優位型への介入，および無気力感予防への介入を通じて，改めて中学生における無気力感改善要因を検証する必要がある。さらに本節の介入および効果の測定は3ヶ月という期間を設けて行われたが，行動評定において無気力感そのものの指標には変化が見られなかった。第4章・第3節の時間的要因を入れた無気力感モデルの検討箇所で，time1の随伴経験から直接的・間接的にtime4の無気力感へのパスが確認されたことからも，本マニュアルの無気力感そのものへの効果を検証するには，今後介入および効果の測定期間を延長する必要があると考えられる。

第6章
中学生の無気力感における予防と対処―総合的考察

　本研究では，第1章「無気力感に関する研究動向と課題」に基づき，第2章「無気力感を構成する変数尺度の作成，および信頼性・妥当性の検討」で中学生における無気力感を測定する指標を作成し，第3章「中学生における無気力感要因の同定，およびその関係性の検討」で無気力感を構成する要因を同定し同定された要因間の関係性を分析した後，第4章「中学生の無気力感モデルの構築と妥当性の検討」で時間的要因を取り入れた中学生における無気力感モデルを構築した。そして第5章「中学生の無気力感への援助―介入研究を通じての無気力感改善要因の検討」では，モデルの構築結果に基づき無気力感改善要因を想定し，介入研究を通じて中学生における無気力感改善要因の妥当性を検討した。そこで以下では，本研究の成果を今後の研究につなげるために，第1節では本研究結果を改めて概観し，第2節ではそれを踏まえた中学生における無気力感改善要因に関する総合的考察を行い，第3節では本研究の問題点を踏まえた今後の展望を行うこととする。

第1節　本研究の結果まとめ

　第1章では，まず学習性無力感理論における諸研究概観を通して，(1) 学習性無力感理論における，随伴性認知の無気力感生起への寄与度の見直し，(2) 随伴性認知以外の新たな無気力感媒介変数検討の必要性，(3) 随伴性認知と新たな媒介変数の操作による，無気力感の改善を図る介入研究の必要性が明らかにされた。そしてこの結果を受けて，新たな媒介変数を検討するべく，無気力感の逆概念と考えられるコントロール感研究における諸研究を概観した。その結果，コントロール感（無気力ではない状態）とは随伴性認知とコンピテンス

(効力期待) から構成されているという説と，結果期待と効力期待から構成されているといった2つの説がその潮流を占めていることが明らかになった。そして (1) 随伴性認知と結果期待との概念的混在, (2) 効力期待と結果期待の連続性といった2つの観点から検討した結果，中学生の無気力感を説明する変数として，応答性の認知として主観的随伴性を，期待信念として効力期待の下位概念であるコーピング・エフィカシーとを採用することが妥当であると判断した。さらに無気力感を構成する重要な変数を同定するため，無気力感と類似概念と考えられる抑うつ研究を概観し，(1) 中学生の学校生活場面における偏った認知を反映し，(2) 経験から形成され特性的な無気力感に結びつく比較的安定した変数であり，(3) 病理水準ではない一般的な中学生の無気力感予防の援助に役立てるといった条件を満たす変数として，Beck (1967) による3つの認知要因のうち「推論の誤り」を採用することとした。こうしたことから第1章で，主観的随伴性，コーピング・エフィカシー，推論の誤りといった変数が，無気力感を構成する可能性がある変数として同定された。

　第2章・第1節ではこの結果を受けて，中学生における無気力感構造の検討に役立てるため，中学生における主観的随伴性を測定する主観的随伴経験尺度 (随伴経験・非随伴経験からなる2因子)，中学生におけるストレス事態での対処行動への自信を測定するコーピング・エフィカシー尺度 (勉強におけるコーピング・エフィカシー，友人関係でのコーピング・エフィカシー，教師との関係におけるコーピング・エフィカシーの3因子)，中学生における推論の誤りを測定する思考の偏り尺度 (教師への偏った思考，勉強における偏った思考，友人関係における偏った思考，自己への偏った思考の4因子) をそれぞれ作成し，その信頼性・妥当性が実証された。

　第3章では第2章で作成した測定尺度を用いて，中学生における無気力感要因の同定，およびその関係性の検討を行った。まず第3章・第1節で，主観的随伴経験が中学生に与える影響を検討するため，不登校の中学生と登校している中学生との随伴経験・非随伴経験の違いを検証したところ，どちらの群にも有意差が認められなかった。このことから，自分の行動で結果をコントロールできたという随伴経験においても，自分の行動で結果をコントロールできなかったという非随伴経験においても，主観的には経験している程度に差があると

はいえないことが明らかになった。この結果から，登校している生徒たちも不登校の生徒たちと同程度に「随伴経験の欠如」や「非随伴経験の多さ」などを抱えている可能性が示唆された。こうした結果を受けて，登校している中学生への学校不適応行動の予防的観点から，「随伴経験の欠如」や「非随伴経験の多さ」が中学生一般の無気力感に及ぼす影響を検討するため，登校している中学生の観察された無気力感傾向とその生徒の主観的な随伴経験との関連を検討した。その結果，担任教師によって無気力感傾向が高いと評定された生徒の方が低いと評定された生徒よりも，随伴経験得点が有意に低いことが認められた。この結果から，中学生の無気力感は「やってもうまくゆかない」といった非随伴経験の多さというよりも，「やってみたらうまくいった」といった随伴経験の少なさに起因する可能性が示され，非随伴経験が無気力感を生み出すという従来のLH理論に加えて，随伴経験の少なさからも無気力感が生み出されることが明らかにされた。そして続く第3章・第2節では，無気力感を構成する要因を同定するため，随伴経験・非随伴経験の2つの変数以外に，コーピング・エフィカシー，思考の偏りといった変数を想定し，それぞれの無気力感との関係と，各媒介変数間との関係性を検討した。その結果，随伴経験，コーピング・エフィカシー，勉強における偏った思考の3変数が無気力感の構成により直接的な影響を与えている可能性が示され，随伴経験とコーピング・エフィカシー，非随伴経験と思考の偏り各下位尺度，コーピング・エフィカシーと教師への偏った思考・勉強における偏った思考といった各変数間の関係性が，それぞれ強いことが明らかになった。そして分析を進めた結果，随伴経験，非随伴経験（time1）→コーピング・エフィカシー，思考の偏り各下位因子（time2）→無気力感（time3）といった時間的流れの妥当性が示唆された。さらにこの結果から，随伴経験，非随伴経験，コーピング・エフィカシー，勉強における偏った思考，友人関係での偏った思考は，将来の無気力感と直接的に関与している可能性が示され，有意な値が得られなかった教師への偏った思考と自己への偏った思考においては，何らかの媒介変数を経て間接的に無気力感に関与している可能性が示唆された。続く第3章・第3節では，無気力感が実際に上昇・下降する際，随伴経験，非随伴経験，コーピング・エフィカシー，思考の偏り各下位因子がどのように変動をするのかを，2時点データをもとに検討した。その結果，中

学生の無気力感が上昇する際，随伴経験，コーピング・エフィカシーが減少し，非随伴経験，教師への偏った思考，勉強における偏った思考，友人関係での偏った思考，自己への偏った思考の各変数は増加することが，また無気力感が下降する際には，随伴経験，コーピング・エフィカシーが増加し，非随伴経験，勉強における偏った思考，友人関係での偏った思考，自己への偏った思考の各変数は減少することも同様に明らかになった。こうしたことから，随伴経験，非随伴経験，コーピング・エフィカシー，思考の偏り各下位因子それぞれの，無気力感構成要因としての妥当性が検証された。

　第4章では，第3章における無気力感構成要因の同定とその関係性の検討，および先行研究とを参照して，中学生における無気力感モデルの構築を試みた。その結果，随伴経験の乏しさ（time1）→コーピング・エフィカシーの減少（time2）→無気力感（time3），非随伴経験の多さ（time1）→思考の偏り（time2）→無気力感（time3），およびコーピング・エフィカシーの減少（time2）→思考の偏り（time2），随伴経験の乏しさ（time1）→無気力感（time3），非随伴経験の多さ（time1）→無気力感（time3）といった経路が，時間的要因を入れた上で確認された。さらに思考の偏り下位尺度を導入した分析を行った結果，非随伴経験（time1）によって教師への偏った思考（time2）・友人関係での偏った思考（time2）・自己への偏った思考（time2）が形成され，この3つの思考の偏り間の影響関係とコーピング・エフィカシー（time2）からの負の影響がともに勉強における偏った思考（time2）に影響を与え，友人関係での偏った思考とともに無気力感（time3）へつながっている可能性が示唆された。引き続き4時点データで分析したところ，随伴経験（time1）→コーピング・エフィカシー（time2）→無気力感（time4）といった経路と，非随伴経験（time1）から教師・友人関係・自己への偏った思考（time2）が形成され，その影響が勉強における思考の偏り（time3）に収斂して直接将来の無気力感（time4）に結びつく経路と，友人関係での偏った思考（time2）から直接将来の無気力感（time4）に結びつく経路とが確認された。加えて教師・友人・自己といった偏った思考（time2）においては，無気力感（time4）への間接効果が認められた。さらに，コーピング・エフィカシー（time2）から教師への偏った思考（time2）・勉強における偏った思考（time3）へと負のパスも改めて確認された。そして先の分析

同様，随伴経験・非随伴経験（time1）が間接的にだけでなく直接的にも将来の無気力感（time4）に関係していることが確認された。また各変数における無気力感への総合効果を検討したところ，随伴経験およびコーピング・エフィカシーが，将来の無気力感へ与える効果が高い結果となった。

　以上のことから，中学生の無気力感における予防方法としては，(1) 長期的な観点から予防するためには，自分の行動で結果をコントロールできる経験をできるだけ増やしたり，行動でコントロールできない経験を無理にさせないなど，子ども自身の持つ資源に合わせた援助が必要である，(2) 非随伴経験による教師・友人関係・自己への偏った思考を緩衝することで，勉強における偏った思考が形成されるリスクを軽減し，結果的に無気力感を予防する効果が期待できる，といったことが明らかになった。また中学生の無気力感における対処方法としては，(1) コーピング・エフィカシーを増加させることによって，直接的に無気力感を軽減させる可能性があること，(2) 思考の偏りに直接介入しなくても，随伴経験を通じたコーピング・エフィカシーの醸成が思考の偏りを軽減し，無気力感の改善につながる可能性がある，(3) 勉強・友人関係における偏った思考に介入することで，既に生起した無気力感への直接的な軽減につながる可能性がある，といったことが明らかになった。加えて随伴経験およびコーピング・エフィカシーが，中学生における無気力感の予防・改善に関わる重要な変数である可能性があることが明らかにされたといえる。

　第4章で随伴経験およびコーピング・エフィカシーが無気力感軽減に重要な影響を与えていることが明らかになったことから，第5章では，随伴経験を通じたコーピング・エフィカシー増加のための介入を行い，その効果の検討を行った。第1節ではワークブック「やる気をだすための行動作戦プログラム」を使用した，個別形式の「中学生用・随伴性強化プログラム」を無気力感の高い中学生1名に約1週間あまり実施した。その結果，状態的なストレス反応は減少したものの随伴経験およびコーピング・エフィカシー得点には効果が見られなかった。随伴経験およびコーピング・エフィカシー得点には効果が見られなかったのは，(1) 随伴性認知やコーピング・エフィカシーといった特性的な要因を変容するには，本研究で作成した短期的なプログラムでは十分でないこと，(2) 生徒自身の行動を変容させて環境からの随伴性を変化させるだけでは難し

い点もある，という可能性が考えられた。こうしたことから，特性要因の変容に十分な介入期間・セッション数に増やす，生徒の随伴経験をコントロールする側の環境自体への働きかけを導入するなど，プログラム形態における改訂の必要性が考えられた。

　第1節での結果を受けて第2節では，教師を生徒の行動に対する環境からの随伴性に関与する存在と捉え，教師を通じた随伴的介入を前提とした「中学生のための無気力感予防・対処マニュアル」を作成し，無気力感が高いと行動評定された中学生1名を対象に，3ヶ月間教育相談担当教諭を通じて実施した。その結果，勉強・友人関係・自己における各偏った思考において得点が減少し，勉強・友人関係・教師との関係における各コーピング・エフィカシーにおいて得点が増加した。この結果から，教師からの随伴的関わりがコーピング・エフィカシーを高め思考の偏りを改善することが明らかになり，随伴経験およびコーピング・エフィカシーが，中学生における無気力感改善要因として，その効果が期待される可能性が示唆された。

第2節　中学生における無気力感改善要因に関する総合的考察

第1項　中学生における無気力感のメカニズムについて

　本研究では，第2章・3章・4章において，中学生の無気力感を構成する要因を同定し，同定された要因と無気力感との関係，および要因間の関係性の検討を通じて，最終的には中学生における時間的要因を入れた無気力感モデルを構築し，その妥当性を実証した。その結果，随伴経験（time1）→コーピング・エフィカシー（time2）→無気力感（time3），非随伴経験（time1）→思考の偏り（time2）→無気力感（time3）といった流れが確認され，中学生における無気力感が，随伴経験および非随伴経験を基点にする2つの経路で形成されていることが明らかになった。この結果から，Seligman & Maier（1967）によって提案された学習性無力感理論，およびLHモデルに原因帰属理論を取り入れた改訂LH理論（Abramson, Seligman & Teasdale, 1978；Seligman, Abramson, Semmel & von Baeyer, 1979）の前提であった，非随伴経験を起因とする従来の無気力感発生のメカニズムに加えて，中学生の無気力感においては，随伴経

験の欠如も無気力感に重要な役割を果たすことが明らかになった。つまり本研究の結果，行動で結果をコントロールできない経験が多いということに加えて，行動で結果をコントロールできた経験そのものが少ないということも，中学生の無気力感が形成される際に重要な要因であるということが示唆されたといえる。本研究のこの成果は，無気力感を起因とする中学生の不適応行動を理解し，その介入援助を図る際の，判断材料を提供する知見と考える。

さらに第4章・第3節で各変数の無気力感への総合効果を検討したところ，随伴経験とコーピング・エフィカシーの2変数において，その効果が高いということも合わせて明らかになった。このことは，中学生の無気力感において，行動で結果をコントロールできない経験が多いということよりも，行動で結果をコントロールできた経験そのものが少ないといったことの方が，直接的にも間接的にもその形成に寄与している可能性を示している。つまり，行動で結果をコントロールできない認知そのものよりも，行動の結果をコントロールできた認知そのものが，無気力感の生起に大きく関与していることが示唆されたともいえる。Seligman & Maier（1967）によるイヌの実験では刺激のコントロールそのものを失敗してしまう，つまり行動で結果をコントロールできなかったイヌの群が無気力感を学習したといった結果が報告されていたが，このことと第2章・第1節で確認された随伴経験と非随伴経験の独立性とを考え合わせると，「行動で結果をコントロールできた認知そのものの欠乏」とは，刺激をコントロールできる機会そのものが少ないといった事態が考えられる。本研究におけるこの成果を，中学生をはじめとする子どもの発達過程といった観点から考えると，乳幼児期の子どもは自身の行動による環境からの応答性によってより環境に働きかけるようになり，心身ともに発達を遂げることが知られているが（繁多，1987；余部，1996），身体こそ成長しているものの心理面では認知発達の面も含めて未だ成長途上である中学生においても，環境からの随伴的応答つまり随伴経験がその成長過程に不可欠である可能性が考えられる。本研究の第5章・第2節において，教師を生徒の行動に対する環境からの随伴性に関与する存在と捉え，生徒の行動への直接的介入ではなく教師を通じた間接的介入を実施したが，その成果からも，中学生における随伴的環境がその動機づけ（コーピング・エフィカシー）・認知面（思考の偏り）の改善に与える影響が少なくな

い可能性が示唆された。こうしたことからも本研究において，中学生をとりまく環境の一部としての教師が，「非随伴経験と独立した随伴経験の乏しさ」つまり「行動で結果をコントロールする経験そのもの」を醸成する重要な存在であることが明らかにされたことは，中学生にける無気力感改善に関する成果だと考える。

　また第4章・第2節および第3節における無気力感モデルの検証を通じて，コーピング・エフィカシーが思考の偏り，特に教師への偏った思考・勉強における偏った思考を軽減する効果があることが示唆された。このことは第4章・第4節でも言及したが，経験の絶対量が少なく認知発達でも発展途上の思春期の子どもは，1・2回の非随伴経験で「〜はこうである」と結論づけがちであり，思考が偏りやすい時期とも考えられる。また中学生が位置する思春期は発達段階においても，ちょうど具体的操作期から形式的操作期への移行が始まったばかりで，個々人の認知発達にばらつきがあるのが現実である。そういった時期の子どもたちの認知に直接介入することは，一部認知発達が進んだ層の中学生には適応可能であると考えられるが，子どもの発達にばらつきが散見される公教育の中学校現場では，必ずしも有効性があるとは考えがたい。こうした現実を踏まえても，本研究の結果，思考の偏りに直接介入しなくても，随伴経験を通じたコーピング・エフィカシーが思考の偏りを改善する可能性が示されたことは，現場での無気力感改善を目的とした介入に有用性を持つ知見であると考える。

第2項　中学生における無気力感予防要因について

　第3章では中学生における無気力感を構成すると考えられる媒介変数を同定した。第4章・第3節ではそれをもとに，モデルの構築およびその妥当性の検討を通じて，4時点での測定結果をもとに，時間的要因を入れた中学生における無気力感のメカニズムを検討した。その結果，非随伴経験（time1）によって教師への偏った思考（time2）・友人関係での偏った思考（time2）・自己への偏った思考（time2）が形成され，この3つの思考の偏り間の影響関係とコーピング・エフィカシー（time2）からの負の影響がともに勉強における偏った思考（time2）に影響を与え，友人関係での偏った思考とともに無気力感（time4）へ

第2節　中学生における無気力感改善要因に関する総合的考察　　123

つながっている可能性が示唆された。また，随伴経験・非随伴経験（time1）が，将来の無気力感（time4）へも直接的に影響を与えている可能性も合わせて明らかになった。こうした時間的要因を入れた検討結果から，無気力感形成における予防的効果を考察すると，Fig. 6-2-1 のようにまとめられる。つまり中学生における無気力感を予防するには，(1) 随伴経験（time1）そのものへの介入，(2) 随伴経験（time1）への加入を通じたコーピング・エフィカシー（time2）の増加，(3) 非随伴経験（time1）そのものへの介入，(4) 非随伴経験（time1）への介入を通じた教師への偏った思考・友人関係での偏った思考・自己への偏った思考（time2）形成の予防，といった4つのポイントがあることが明らかにされたといえる。つまり中学生における無気力感形成を予防するには，生徒自身の行動によって結果をコントロールできる経験を増やし，ストレス事態に遭遇しても対処できる自信を醸成すること，そして生徒の資質に合わ

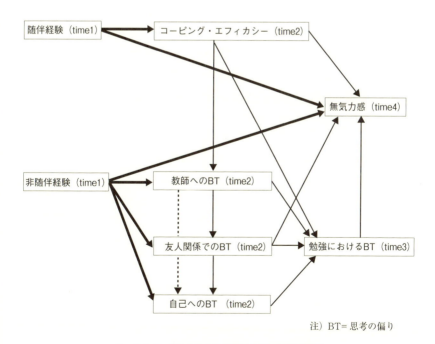

注）BT＝思考の偏り

Fig. 6-2-1　中学生における無気力感への予防要因

ない課題設定など行動で結果がコントロールできない経験を減らし，教師・友人といった対人関係や自分自身への思考の偏りを軽減することなどが有効であると考えられる。そこでこうした研究結果に基づき第5章・第2節では，中学生における無気力感の予防方法を具体的に提示した「中学生のための無気力感予防・対処マニュアル」を作成し，以下のような予防方法の提案を行った。

〈学習・課題場面で随伴経験を増やす具体例〉

生徒の進度・習熟度にあった課題設定を行い「やればできた」経験を増やす工夫をしたり，生徒自身が課題を見つけ行うことによって自発行動自体を増やし対処行動への自信を高めるなどの方法が考えられる。

〈教師-生徒関係場面において随伴経験を増やす具体例〉

教師が生徒から働きかけやすい関係作りをすることで「先生に聞いたら応えてくれた」といったような応答性のある経験を増やす工夫，また教師が指示・指導だけではなく生徒自身に考えさせる機会を増やすことで，「自分でやってみたらできた経験」を増やし，対処行動への自信を醸成する方法などが考えられる。

〈教師-生徒関係場面において非随伴経験を減らす具体例〉

日頃から日常的な話題を共有するなど疎通のよい関係を作っておくことで，ストレス事態に生徒が直面した時など教師に気軽に相談できる機会を増やし，行動で結果がコントロールできない経験を未然に防ぐ効果が期待できると考えられる。

〈生徒間関係場面において非随伴経験・思考の偏りを減らす具体例〉

またクラス内でエンカウンターなどを定期的に導入し，生徒間の意思疎通をよくすることで，誤解・思い込みが起こる前にお互いが理解しようとする雰囲気を作ることは，「友人に働きかけたが，思ったような反応が返ってこなかった」といったような非随伴経験を予防し，また友人関係における偏った思考等の予防にもなることが考えられる。

ただし第5章・第2節においては，この「中学生のための無気力感予防方法」に関する介入研究を行っていないため，今後は実際の介入研究を通じて無気力感予防方法の改善効果を検討する必要があると考える。

第3項　中学生における無気力感対処要因について

第4章・第3節で行った時間的要因を入れたモデルの構築およびその妥当性の検討を通じて，既に形成された無気力感への対処的効果を考察すると，Fig. 6-2-2のようにまとめられる。そしてこうした結果から，無気力感へ対処するには，(1) コーピング・エフィカシー（time2）そのものへの介入，(2) コーピング・エフィカシー（time2）への介入を通じた教師への偏った思考（time2）・勉強における偏った思考（time3）の軽減，(3) 友人関係での偏った思考（time2）そのものへの介入，(4) 勉強における偏った思考（time3）そのものへの介入，といった4つのポイントがあることが明らかにされたといえる。つまり中学生における形成された無気力感に対処するには，ストレス事態における対処行動の自信そのものを増やし，教師や友人といった対人関係への思考の偏りを軽減すること，そして直接的に友人関係での偏った思考や勉強における偏った思考

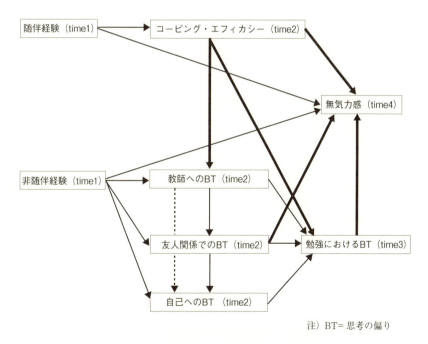

注）BT＝思考の偏り

Fig. 6-2-2　中学生における無気力感への対処要因

を軽減することなどが有効であると考えられる。そこでこうした研究結果に基づき第5章・第2節では，中学生における無気力感の対処方法を具体的に提示した「中学生のための無気力感予防・対処マニュアル」を作成した。まず第4章で明らかになった中学生における無気力感モデルをもとに，指標の上では同じ無気力感状態であっても，随伴経験の欠乏によるコーピング・エフィカシーの低い「動機づけ優位タイプ型」の無気力感と，非随伴経験の多さによる思考の偏りが高い「認知の歪み優位タイプ型」の無気力感といった，形成過程が違うタイプの無気力感が存在する可能性を指摘した。そして，「学習に対して，興味や取り組み意欲が感じられない」「対人関係場面で，自分から関わる意欲が見られない」「気持ちのエネルギー自体が低下している」といった項目に当てはまる無気力感を「動機づけ優位タイプ」と定義し，また「学習に対して投げやり・拒否的な態度を示す」「対人場面でうまく関われないことが多く，人との関わりに回避的・拒否的な態度を示す」「不満や怒りといったエネルギーはあるが，問題への拒否・回避行動に転化されている」といった項目に当てはまる無気力感を「認知の歪み優位タイプ型」と定義し，それぞれタイプ別に以下のような対処方法の提案を行った。

動機づけ優位タイプ

　随伴経験自体が少ないことから，コーピング・エフィカシーが十分形成されておらず，行動への意欲そのものが低下していると考えられるタイプ。

　〈学習・課題場面でコーピング・エフィカシーを増やす具体例〉

　わからなくなっている箇所からではなく，わかっている箇所から学習を進めることで，学習行動への対処の自信を取り戻し，学習行動への自発行動が継続する効果が期待できると考えられる。

　〈教師－生徒関係場面において，随伴経験を通じたコーピング・エフィカシーを増やす具体例〉

　（1）個別対応で趣味や特技など当該生徒の得意分野を引き出し，得意分野に焦点を当てた「コントロールしやすい課題」を設定する。そしてできたことを評価する関わりを形成するなかで「働きかけたら先生が応えてくれた」随伴経験を積み，個別の対人場面→対人場面一般→生活場面全般への対処行動の自信へと般化する効果が考えられる。

（2）集団の学校場面で，その生徒の様子に合わせたこまめな声かけを行うと，「先生は自分を見ていてくれる」「何かあっても先生がいるから大丈夫」という安心感が生まれ，「何かあったら，先生に相談してみよう」といった自発的な対処行動を促進する効果が考えられる。

認知の歪み優位タイプ

　非随伴経験の多さから，対人関係・自分自身そして勉強等への思考の偏りが形成されてしまっており，自分でもうまく行動できなくなっているタイプだと考えられる。また極端な考えは無気力感の要因であると同時に辛い状況下にある本人を支える信念の側面である場合もあり，また中学生における認知発達の側面からも，直接アプローチしても変わりにくいことが予想される。こうしたことから，直接思考の偏りに介入するよりも，以下のステップによる方法が有効な可能性が考えられる。

〈ステップ1〉

　個別対応で，思考の偏りに至った気持ちをくみ取りつつ，その生徒なりの視点を理解しようと働きかけ，「人を信頼してもいいことがない」という経験的思い込みから，「人を信頼してもいいんだ」という経験的信念に変容させる。

〈ステップ2〉

　信頼できる関係性のなかで，当該生徒の持つ資源を引き出し「自分の力で何とかできるかもしれない」という対処行動への自信を高めると，回避・拒否していた場面への直面化・行動化を促す効果が考えられる。そして回避・拒否していた場面への直面化・行動化への自信が出てきたところで，本人が関わりやすい生徒を1・2名加え，生徒どうしで学習や人間関係の悩みを話し合い解決できる時間を設けると，周囲の人的資源が利用可能であることが経験的にわかり，対人関係における思考の偏りが改善される可能性が考えられる。

〈ステップ3〉

　本人・周囲の資源を用いながら，回避・拒否していた場面における結果をコントロールできた経験を増やし，コーピング・エフィカシーを高めることで，自分や勉強への思考の偏りを減少させる。

　第5章・第2節において，教師を通じてこの「中学生のための無気力感対処方法」における認知の歪み優位タイプの生徒への介入を実施したところ，勉

強・友人関係・自己における各偏った思考において得点が減少し，勉強・友人関係・教師との関係における各コーピング・エフィカシーにおいて得点が増加した。この結果から，生徒にとっての環境の一部である教師からの随伴的関わりがコーピング・エフィカシーを高め思考の偏りを改善することが示唆されたことから，本研究の第4章で実証された，随伴経験→コーピング・エフィカシー→思考の偏りの低下といった中学生における無気力感のメカニズムが支持されたと考える。

第3節 結　語

　本研究では，中学生における無気力感を構成する媒介変数が同定され，モデル検証を通じて中学生における無気力感のメカニズムを明らかにし，その改善要因を同定した。そして，同定された改善要因を用いた介入プログラムおよび介入マニュアルを作成し，その事例検討を通じて，本研究で提唱した中学生の無気力感改善要因の妥当性を明らかにした。そこで最後に，本研究における問題点を指摘し，今後の研究を展望する。

第1項　本研究の問題点を踏まえた，今後の展望
(1) 随伴性認知の定義に関しての問題

　第1章・第3節で指摘したように，本研究における随伴性認知は，先行研究（Benson & Kennelly, 1976；Seligman, 1975；Seligman & Maier, 1967；Hiroto & Seligman, 1975）を参照し，自発行動で結果をコントロールしようとして成功した経験を随伴性，自発行動で結果をコントロールしようとして失敗した群を非随伴性と定義した。本来随伴性認知には，随伴的成功（例：頑張ったら成功した）・非随伴的成功（例：頑張らなかったのに成功した）と，随伴的失敗（例：頑張らなかったら失敗した）・非随伴的失敗（例：頑張ったのに失敗した）の2次元・4タイプが想定される（鎌原ら，1983）。本研究はこれら4つのタイプにおいて，無気力感の生起に強く影響していると考えられた随伴的成功と非随伴的失敗の2つを想定したものであった。本研究で想定しなかった非随伴的成功に関しては，数は少ないものの，先行研究において無気力感の生起が

認められたとの知見もあることから（Dweck, 1975），必ずしもその影響が看過できない可能性がある。こうしたことから今後は，本研究における随伴経験・非随伴経験が必ずしも全ての随伴性認知に注目した概念ではないことを踏まえた上で，非随伴的成功および随伴的失敗の無気力感への効果も考慮に入れた検討も必要と考える。

(2) サンプリングに関しての問題

本研究で協力いただいた被調査者は，その殆どが関東圏の公立中学校の中学生であった。

また調査によっては複数の学校ではなく単一校での実施ケースもあった。中学校によって生徒の諸傾向が違うとの指摘もあることからも（伊藤・松井, 2001；大久保, 2005），今後は関東圏以外のサンプルや，学校風土の違いを考慮に入れてできるだけ多様な学校データを蓄積し，本研究の成果における交差妥当性を検証する必要があると考えられる。

(3) 研究方法に関する限界

本研究における殆どが，質問紙調査による実証研究であった。質問紙調査にはデータの客観性と互換性，結果が一般化しやすい等利点があるが，個別のデータ情報が相殺された平均値を用いる量的研究法であるため，個人差等"落ちる情報"が存在する（平井, 2000）。例えば本研究においては，4時点での測定結果をもとに中学生の無気力感モデルを構築・実証したが，その結果はあくまでも4時点での定点観測の平均値をつないだものであり，必ずしも個々の現象の連続性を主張できるものではない。こうしたことからも，今後は本研究において実証された中学生における無気力感の構造，および無気力感が形成される要因間の時間的流れを，さらなる介入研究や，事例研究に代表される質的データなどを通じて，現象的にも検証してゆく必要があると考える。

(4) 介入方法についての問題

本研究では，量的実証研究により検証した中学生における無気力感モデルを，無気力感の高い生徒自身への直接的介入，および無気力感の高い生徒を担当する中学校教諭を通じた間接的介入によって検証した。まず生徒自身への直接介入に関してであるが，比較的自由度のある中学校の相談室での介入であったため，場の統制が十分でなかった問題点があげられる。こうしたことから今後は，

比較的場の統制がしやすい授業場面での実施など，中学校生活内でより効果的に実施できるプログラムを作成する必要がある。また生徒への直接介入においてワークブックを用いたが，活字が苦手な生徒や，ワークブックに記入すること自体が面倒だと感じる生徒もいる可能性もあることから，①図やイラスト中心の冊子に編集し直し直観的に理解できるような内容に工夫する，②プログラム内容そのものをワークブック中心から，ゲーム性を取り入れたワーク中心にするなど，より広い層の中学生における無気力感の予防・対処に汎用できるよう，今後は一層の検討が望まれる。続いて教師を通じた生徒への間接的介入に関してであるが，本研究では経験豊富な教育相談担当教諭の協力を得て実施した。こうしたことから，介入を通じて随伴経験→コーピング・エフィカシーの増加→思考の偏りの減少といった無気力感モデルにおける経路の妥当性は検証されたが，介入効果そのものに関しては，教師自身の力量に拠るところも大きかったと考える。こうしたことから今後は，教育相談担当のみならず担任教師や養護教諭など，教師歴・役職などできるだけ幅広い教師の協力を得て介入研究を積み重ね，マニュアルそのものの効果検討を行う必要があると考える。またマニュアル評価の際，マニュアルの内容に関して「対応のヒントとして，具体的な場面・症例を何点か提示してもらえると，より理解が深まり実践に生かしやすくなる」との指摘があったことから，より多くの具体的な場面を例示してそれに合わせた対処方法を提案するなど，マニュアルの実用性を上げる工夫も今後必要であると考える。

(5) 介入研究における指標の問題について

　本研究における無気力感の高い生徒自身への直接的介入，および無気力感の高い生徒を担当する中学校教諭を通じた間接的介入はいずれも，独立変数と従属変数の因果関係の程度を示せるとされるシングルケーススタディ（山田，2000）を導入しなかった。何故なら，シングルケーススタディは時間軸に沿ったデータの繰り返し測定が必要であるため，学校現場における介入で実施するには倫理的問題があることが考えられたからである。生徒自身への直接的介入の際は，当該生徒より毎プログラム前後に実施されるプリ・ポストテストへの物理的負担感が聞かれたため，指標をとる回数を一部介入前・介入後の2回に減らした。また中学校教諭を通じた間接的介入の際は，介入をお願いした教諭

から，指標を取ること自体が教師－生徒間の信頼関係に与える影響と，生徒が指標に回答する際の精神的負担への懸念が示され，指標は教師による行動評定のみとなった。このように，学校現場での介入研究で指標をとる場合，対象生徒への物理的負担および精神的負担の問題が不可避である。こうしたことから今後は，介入研究の効果検討を一般化するために，プログラムおよびマニュアルをシングルケースではなく複数ケースで実施し，介入前・介入後の効果検討を統計処理ができるよう，研究方法の再検討が必要であると考える。

第2項 総　括

本研究では，登校している一般的な中学生における無気力感予防・改善のための要因を，モデル構築を通じて同定し，介入研究を通じてその検討を試みた。現在中学校現場では，不登校・いじめ・学業不振・非行など山積する問題に対する生徒指導をはじめ，それに伴う保護者対応，および授業以外の事務仕事も多くなり，教職員の精神的・物理的余裕がなく，その精神保健上の状況が悪化しているとの指摘もある（田村・石隈，2006）。教職員の精神的・物理的余裕のなさは，生徒の行動に対して細やかに目を留める機会を減少させ，生徒にとってはそれが随伴的環境の乏しさにつながる1つの要因になっていると考える。そうしたなか，本研究で明らかになった随伴経験，および随伴経験を通じて形成されると考えられうるコーピング・エフィカシーの2要因が，中学生の無気力感改善要因として影響を与えていることが示唆されたことは，ある意味で現在の中学校現場における問題点が浮き彫りにされている側面があるとも考えられる。本研究を通じてご協力をいただいた多くの教職員から，「何をしていいかは大体わかるが，それをする時間がない」「日々の職務に追われて経験的にやってきたことを頭でまとめる時間がなかったので，研究への参加を通じてそれをまとめられた」「コンサルテーションしてもらえると，自分のやっていることを再確認できる」といった意見をいただいた。本研究の第5章・第2節においては，一般的な中学生の無気力感の予防・対処に際して，より多くの随伴経験をつませストレス事態への対処行動の自信をつけるには，生徒への距離が一番近い大人である現場の教職員が，生徒にとって随伴的環境の一部であり続けることの効果が示唆された。近年ストレスマネジメント教育（大野，2002；三

浦, 2004) やソーシャルスキルトレーニング (金山・佐藤・前田, 2004；渡辺・山本, 2003) など, 心理教育を通じた生徒側の資源開発を試みる研究が散見されるが, 本研究の第5章・第1節では, 行動や認知など子どもの持つ資源そのものへの介入は, 学校生活における多様で複雑な文脈で必要とされるレパートリーをカバーしきれない側面があり, 結果の随伴性を必ずしも保証するものではないことが示された。こうしたことから,「子どもの資源を引き出し育てる側の大人の対応のあり方」といった観点からの介入の有効性が本研究の結果示唆されたことは, 意義あることと考える。こうしたことから今後も, 現場の教職員が生徒にとって随伴的環境であり続けられるような, コンサルテーション的効果のある介入プログラムおよびマニュアルの開発を続け, 一般的な中学生における無気力感の予防・対処効果をさらに精査・検討することが望まれる。

引用文献

Abramson, L. Y., Seligman, M. E. P., & Teasdale, J. D. (1978). Learned helplessness in humans: Critique and reformulation. *Journal of Abnormal Psychology*, **87**, 49-74.

Alpert-Gillis, L. J., Pedro-Carrol, J. L., & Cowen, E. L. (1989). The children of divorce intervention program: Development, implementation, and evaluation of program for young urban children. *Journal of Consulting and Clinical Psychology*, **57**, 583-589.

Aldwin, C. M. & Revenson, T. A. (1987). Dose coping help? A reexamination of relation between coping and mental health. *Journal of Personality and Social Psychology*, **53**, 337-348.

余部千津子 (1996). 母と子のかかわり　佐藤眞子 (編)　人間関係の発達心理学2　乳幼児期の人間関係　培風館　pp.47-75.

青木省三 (2001). 思春期の心の臨床　金剛出版

荒木友希子 (1999). 改訂学習性無力感理論の諸問題　社会環境研究, **4**, 85-95.

東　清和 (2002). 思春期・青年期　田島信元・子安増生・森永良子・前川久男・菅野敦 (編著)　認知発達とその支援　第2部 認知発達の時期と障害の特徴・第9章 学齢期　ミネルヴァ書房　pp.125-133.

Bandura, A. (1977). Self-efficacy: Toward a unifying theory of behavioral change. *Psychological Review*, **84**, 191-215.

Bandura, A. (1989). Human agency in social cognitive theory. *American Psychologist*, **44**, 1175-1184.

Bandura, A., Reese, L., & Adams, N. E. (1982). Microanalysis of action and fear arousal as a function of differential levels of perceived self-efficacy. *Journal of Personality and Social Psychology*, **43**, 5-21.

Beck, A. T. (1967). *Depression: Clinical, experimental, and theoretical aspects*. New York: Hoeber.

Beck, A. T., Brown, G., Steer, R. A., & Weissman, A. N. (1991). Factor analysis of the dysfunctional attitude scale in a clinical population. *Journal of Consulting and Clinical Psychology*, **3**, 478-483.

Beck, A. T., Rush, A. J., Shaw, B. F., & Emery, G. (1979). *Cognitive therapy of depression*. New York: International University Press.

Benson, J. S. & Kennelly, K. J. (1976). Learned helplessness: The result of uncontrollable reinforcements or uncontrollable aversive stimuli? *Journal of Personality and Social Psychology*, **34**, 138-145.

Burger, J. M. (1989). Negative reactions to increases in perceived control. *Journal of Personality and Social Psychology*, **56**, 246-256.

Compas, B. E., Banez, G. A., Malcarne, V., & Worsham N. (1991). Perceived control and coping with stress: A developmental perspective. *Journal of Social Issues*, **47**, 23-34.

Compas, B. E., Malcarne, V. L., & Fondacaro, K. M. (1988). Coping with stressful events in older children and young adolescents. *Journal of Consulting and Clinical Psychology*, **56**, 405-411.

Coyne, J. C. & Gotlib, I. H. (1983). The role of cognition in depression: A critical appraisal. *Psychological Bulletin*, **94**, 472-505.

Curwen, B., Palmer, S., & Ruddell, P. (2000). *Brief cognitive behavior therapy*. Sage. (下山晴彦 (監訳) (2004). 認知行動療法入門―短期療法の観点から 金剛出版)

Dweck, C. S. (1975). The role of expectations and attributions in the alleviation of learned helplessness. *Journal of Personality and Social Psychology*, **31**, 674-685.

榎本淳子 (2000). 青年期の友人関係における欲求と感情・活動との関連 教育心理学研究, **48**, 444-453.

藤田秀文 (1993). 学習性無力感に関する実験的研究 (1) ―効力感向上操作による消去の効果 日本教育心理学会第35回総会発表論文集, 97.

Flammer, A. (1995). Developmental analysis of control beliefs. In A. Bandura (Ed.), *Self-efficacy in changing societies*. Cambridge University Press. pp.69-113. (本脇 寛・野口京子 (監訳) (1995). コントロールの信念の発達的分析 激動社会の中の自己効力 金子書房 pp.65-98.)

Garber, J., Weiss, B., & Shanley, N. (1993). Cognitions, depressive symptoms, and development in adolescents. *Journal of Abnormal Psychology*, **102**, 47-57.

Gong-Guy, E. & Hammen, C. (1980). Causal perception of stressful events in depressed and nondepressed outpatients. *Journal of Abnormal Psychology*, **89**, 662-669.

繁多 進 (1987). 愛着の発達―母と子の結びつき 大日本図書

針塚 進 (1991). 無気力からの脱出を考える 教育と医学, **39**, 12-16.

樋口一辰・清水直治・鎌原雅彦 (1981). Locus of control に関する文献的研究 東京工業大学人文論叢, **5**, 95-132.

平井洋子 (2000). 量的 (定量的) 研究法 下山晴彦 (編) 臨床心理学研究の技法 第3章・第2節 福村出版 pp.66-76.

Hiroto, D. S. & Seligman, M. E. P (1975). Generality of learned helplessness in man. *Journal of Personality and Social Psychology*, **31**, 311-327.

Hollon, S. D. & Kendall, P. C. (1980). Cognitive self-statements in depression: Development of an automatic thoughts questionnaire. *Cognitive Therapy and Research*, **4**, 383-395.

Ito, A., Mochizuki-Kawai, H., & Tanno, Y. (2001). Verification of Beck's cognitive theory of depression. *Abstracts of International Meeting of Psychometric Society*. p.268.

伊藤亜矢子・松井　仁（2001）．学級風土質問紙の作成　教育心理学研究, **49**, 449-457.

伊藤美奈子（2000）．思春期の心さがしと学びの現場―スクールカウンセラーの実践を通して　北樹出版

伊藤美奈子（2001）．学童期・思春期：不登校　下山晴彦・丹野善彦（編）　講座 臨床心理学5 発達臨床心理学　第2部 発達前期・4章　東京大学出版　pp.113-131.

JoAnne, L., Pedro-Carroll, J., & Cowen, E. L. (1985). The children of divorce intervention program: An investigation of the efficacy of a school-based prevention program. *Journal of Consulting and Clinical Psychology*, **53**, 603-611.

鎌原雅彦・樋口一辰（1987）．Locus of Control の年齢的変化に関する研究　教育心理学研究, **35**, 177-183.

鎌原雅彦・亀谷秀樹・樋口一辰（1983）．人間の学習性無力感（Learned Helplessness）に関する研究　教育心理学研究, **31**, 80-95.

金山元春・佐藤正二・前田健一（2004）．学級単位の集団社会的スキル訓練―現状と課題　カウンセリング研究, **37**, 270-279.

笠井孝久・村松健司・保坂　亨・三浦香苗（1995）．小学生・中学生の無気力感とその関連要因　教育心理学研究, **43**, 424-435.

Klein, D. C., Fencil-Morse, E., & Seligman, M. E. P (1976). Learned helplessness, depression, and the attribution of failure. *Journal of Personality and Social Psychology*, **33**, 508-516.

Koller, P. S. & Kaplan. R. M. (1978). A two process theory of learned helplessness. *Journal of Personality and Social Psychology*, **36**, 1177-1183.

Lamarine, R. J. (1990). Teaching children think rationally. *Journal of Instructional Psychology*, **17**, 75-80.

Lazarus, R. S. & Folkman, S. (1984). *Stress, appraisal, and coping*. New York: Springer.

松村千賀子（1991）．日本版 Irrational Belief Test（JIBT）開発に関する研究　心理学研究, **62**, 106-113.

Meyers, A. W. & Craighead, W. E. (1984). Cognitive behavior therapy with children: A historical, conceptual, and organization overview. In A. W. Meyers & W. E. Craighead (Eds.), *Cognitive behavior therapy with children*. New York and London: Plenum Press. pp.1-13.

三浦正江（2004）．学校場面におけるストレスマネジメント（1）―ストレスコントロールを中心に　坂野雄二（監修）　嶋田洋徳・鈴木伸一（編著）　学校, 職場, 地域におけるストレスマネジメント実践マニュアル　北大路書房　pp.41-74.

三浦正江・坂野雄二・上里一郎（1998）．中学生が学校ストレッサーに対して行うコーピングパターンとストレス反応の関連　ヒューマンサイエンスリサーチ, **7**, 177-189.

宮田加久子（1989）．無気力の社会心理学―学習性無力感理論に対する認知的アプローチ　帝京社会学, **2**, 127-151.

水口禮治 (1993). 適応の社会心理学的心理療法―コントロール・トレーニングの理論と技法　駿河台出版社

文部省 (1997). 登校拒否問題への取組について―小学校・中学校編　生徒指導資料第22集

文部科学省 (2013). 平成24年度「児童生徒の問題行動等生徒指導上の諸問題に関する調査」結果について　平成25年12月10日 <http:// www. mext. go. jp /b_menu/ houdou /25/12/1341728. htm> (2014年6月4日)

中丸　茂 (1998). 態度と随伴性　実験社会心理学研究, **38**, 105-117.

大芦　治・青柳　肇・細田一秋 (1992). 学習性無力感と帰属スタイルに関する研究　教育心理学研究, **40**, 287-294.

岡安孝弘・嶋田洋徳・丹羽洋子・森俊夫・矢富直美 (1992). 中学生の学校ストレッサーの評価とストレス反応との関係　心理学研究, **63**, 310-318.

大久保智生 (2005). 青年の学校への適応感とその規定要因―青年用適応感尺度の作成と学校別の検討　教育心理学研究, **53**, 307-319.

大野太郎 (2002). ストレスマネジメント教育とは　ストレスマネジメント教育実践研究会 (編) ストレスマネジメントテキスト第1章　東山書房　pp.1-40.

Peterson, C. & Seligman, M. E. P. (1984). Causal explanations as a risk factor for depression: Theory and evidence. *Psychological Review*, **91**, 347-374.

Rodin, J. (1990). Control by any other name: Definitions, concepts, and processes. In J. Rodin, C. Schooler, & K. W. Schaie (Eds.), *Self-directedness: Cause and effects throughout the life course*. Hillsdale, NJ: Erlbaum. pp.1-17.

Roth, S. & Kubal, L. (1975). Effect of noncontingent reinforcement on tasks of differing importance: Facilitation and learned helplessness. *Journal of Personality and Social Psychology*, **32**, 680-691.

Rotter, J. B. (1966). Generalized expectancies for internal versus external control of reinforcement. *Psychological Monographs*, **80**, (Whole no. 609), 1-28.

坂野雄二・東條光彦 (1986). 一般性セルフ・エフィカシー尺度作成の試み　行動療法研究, **12**, 73-82.

坂野雄二・嶋田洋徳・三浦正江・森　治子・小田美穂子・猿渡末治 (1994). 高校生の認知的個人差が心理的ストレスに及ぼす影響　早稲田大学人間科学研究, **7**, 75-90.

作地　眞 (1990). 中学生の無気力傾向の登校拒否への援助　月刊学校教育相談, **10**, 16-21.

桜井茂男 (1989). 学習性無力感 (LH) 理論の研究動向―わが国の研究を中心に　日本心理学会第53回大会発表論文集, L1.

Scheier, M. F. & Carver, C. S. (1987). Dispositional optimisn and physical well-being: The influence of generalized outcome expectancies on health. *Journal of personality*, **55**, 169-210.

Schinke, S. P., Schilling, R. F., & Snow, W. H. (1987). Stress management with adolescents at the junior high transition: An outcome evaluation of coping skills intervention. *Journal of Human Stress*, Spring, 16-23.

Seligman, M. E. P. (1975). *Helplessness: On depression, development, and death*. San Francisco: W. H. Freeman.

Seligman, M. E. P., Abramson, L. Y., Semmel, A., & von Baeyer, C. (1979). Depressive attributional style. *Journal of Abnormal Psychology*, **88**, 242-247.

Seligman, M. E. P. & Maier, S. F. (1967). Failure to escape traumatic shock. *Journal of Experimental Psychology*, **74**, 1-9.

Seligman, M. E. P., Maier, S. F., & Solomon, R. L. (1971). Unpredictable and uncontrollable aversive events. In F. R. Brush (Ed.), *Aversive conditioning and learning*. New York: Academic Press. pp.347-400.

Skinner, E. A. (1995). *Perceived control, motivation and coping*. Sage.

Skinner, E. A. (1996). A guide to constructs of control. *Journal of Personality and Social Psychology*, **71**, 549-570.

嶋田洋徳 (1998). 小中学生の心理的ストレスと学校不適応に関する研究　風間書房

下坂　剛 (2001). 青年期の各学校段階における無気力感の検討　教育心理学研究, **49**, 305-313.

Shorkey, C. T. & Whiteman, V. L. (1977). Development of the rational behavior inventory: Initial validity and reliability. *Educational and psychological measurement*, **37**, 527-534.

高山　巖 (1993). 矢田部ギルフォード性格検査法　上里一郎 (編)　心理アセスメントハンドブック　西村書店　pp.129-142.

田村修一・石隈利紀 (2006). 中学校教師の被援助志向性に関する研究—状態・特性援助志向性尺度の作成および信頼性と妥当性の検討　教育心理学研究, **54**, 75-89.

丹野義彦 (2001). エビデンス臨床心理学—認知行動理論の最前線　日本評論社

樽木靖夫 (1992). 中学生の自己評価に及ぼす担任教師によるフィードバックの効果　教育心理学研究, **40**, 130-137.

Thompson, S. C., Sobolew-Shubin, A., Galbraith, M. E., Schwankovsky, L., & Cruzen, D. (1993). Maintaining perception of control: Finding perceived control in low-control circumstances. *Journal of Personality and Social Psychology*, **64**, 293-304.

Thompson, S. C. & Spiacapman, S. (1991). Perceptions of control in vulnerable populations. *Journal of Social Issues*, **47**, 1-21.

渡辺弥生・山本　弘 (2003). 中学校における社会的スキルおよび自尊心に及ぼすソーシャルスキルトレーニングの効果—中学校および適応指導教室での実践　カウンセリング研究, **36**, 195-205.

Weissman, A. N. & Beck, A. T. (1978). Development and validation of the dysfunctional attitude scale: A preliminary investigation. Paper presented at the annual meeting

of the association for the advancement of behavior therapy, Chicago.
Weisz, J. R. (1983). Can I control it? The pursuit of veridical answers across the life span. In P. B. Baltes & O. G. Brim (Eds.), *Life-Span development and behavior*. Vol.5. New York: Academic Press. pp.233-300.
Weisz, J. R. (1986). Understanding the developing understanding of control. In M. Perlmutter (Ed.), *Social cognition: Minnesota symposia on child psychology*. Vol.18. Hillsdale, NJ: Erlbaum. pp.219-278.
Weisz, J. R., Southam-Gerow, M. A., & McCarty, C. A. (2001). Control-related beliefs and depressive symptoms in clinic-referred children and adolescents: Developmental differences and model specificity. *Journal of Abnormal Psychology*, **110**, 97-109.
Weisz, J. R., Sweeney, L., & Proffitt, V. D. (1991). *The perceived contingency scale for children*. Los Angeles: University of California.
Weisz, J. R., Sweeney, L., Proffitt, V., & Carr, T. (1993). Control-related beliefs and self-reported depressive symptoms in late childhood. *Journal of Abnormal Psychology*, **102**, 411-418.
Weisz, J. R., & Stipek, D. J. (1982). Competence, contingency, and the development of perceived control. *Human Development*, **25**, 250-281.
Weisz, J. R., Weiss, B., Wasserman, A. A., & Rintoul, B. (1987). Control-related beliefs and depression among clinic-referred children and adolescents. *Journal of Abnormal Psychology*, **96**, 58-63.
Wortman, C. B., & Brehm, J. W. (1975). Responses to uncontrollable outcomes: An integration of reactance theory and the learned helplessness model. *Advances in experimental social psychology*, **8**, 278-336.
Wright, P. G., & Pihl, R. O. (1981). Relationship between locus control and irrational beliefs. *Psychological reports*, **48**, 181-182.
山田剛史 (2000). 一事例実験　下山晴彦（編）　臨床心理学研究の技法　第6章・第2節　福村出版　pp.133-140.

資　　料

【資料1】　随伴性強化プログラム「やる気を出すための行動作成プログラム」

【資料2】　随伴性強化プログラム説明書「やる気を出すための行動作成プログラムへの参加にあたって」

【資料3】　中学生のための無気力感予防・対応マニュアル

【資料4】　中学生のための無気力感予防・対応マニュアル，個人カルテ（チェックシート）

【資料5】　中学生のための無気力感予防・対応マニュアル，対応シート

【資料1】随伴性強化プログラム「やる気を出すための行動作成プログラム」

監修：早稲田大学人間科学部教授　根建　金男
発行：　　　　　　　　中学校・なんでも相談室

作戦１

うまくいかない出来事を解決する作戦を決める。

平成　　年　　月　　日　実行

　　　　　年　　　組　　　番

　　　氏名

ステップ1：うまくいかない出来事はどんなこと？

（1）あなたが最近学校で経験した、うまくいかない出来事を 3つあげてみよう！

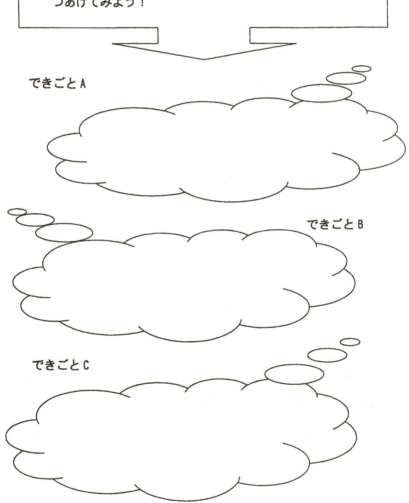

できごとA

できごとB

できごとC

(2) 3つあげた「うまくいかない出来事」を、自分の力でどのくらい変えることができるか、あてはまる番号に〇をつけてね。

　　　　1＝自分の力では、どうにもできない。
　　　　2＝たぶん、自分の力ではどうにもできない。
　　　　3＝もしかしたら、自分の力で変えることができる。
　　　　4＝自分の力で変えることができる。

　　　　できごとA　　　　1　　2　　3　　4

　　　　できごとB　　　　1　　2　　3　　4

　　　　できごとC　　　　1　　2　　3　　4

ポイント1：問題にあった解決方法を知ろう！

> 3点以上の
> うまくいかない出来事は、
> こちら！

> 3点以下の、
> うまくいかない出来事は、
> こちら！

原因を解決する方法

　うまくいかない出来事の原因を見つけ出し、解決しようとする方法のことをいいます。

　この方法は、<u>自分の力で変えることができる</u>問題に対して使うと、うまくいく方法です。

例）テストで悪い点数をとったら、よい点数をとるために、自分の勉強方法を変えてみようとする。

考え方を変える方法

　うまくいかない出来事に対する考え方を変えることで、解決しようとする方法のことをいいます。

　この方法は、<u>自分の力では変えることができない</u>問題に対して使うと、うまくいく方法です。

例）好きな子にふられてしまったとき、しょうがないとあきらめる。

作戦タイム ①

あなたが3つあげた「うまくいかない出来事」の中で、「自分の力で変えることができる問題」と「自分の力では変えることができない問題」をそれぞれあげてみよう。そして、本当にそうかどうか、話し合ってみよう!

作戦タイムの結果を書いてみよう!

ステップ2： 「うまくいかないな」ラベルを
「こうなったらいいな」ラベルへとかえてみよう！

(1) さっき考えた3つの「うまくいかない出来事」の中の、自分の力でなんとかできる（番号でいえば4か5の）出来事のうち、あなたが今一番困っている出来事はどれかな？ 1つ選んで、好きな色のカードに書いて下にはりつけてみてね。

(2) 次に、上にあげた「私が今一番困っていること」が、これからどうなっていくといいなと、あなたは思いますか？
「こうなったらいいな」と思うことを、好きな色のカードに書いて、前のカードの上に貼り付けてみてね。

資料　147

```
ポイント2：
　「うまくいかない」と思ったら、「こうなったらいいな」
　の、新しい目標ラベルに、はりかえてみよう！
```

　うまくいかない出来事に出会ったら、あなたはどうしますか？

　「うまくいかない」と否定的に考えてばかりいませんか？

　でも、「うまくいかない」と考えてばかりいては、その出来事はいつまでたっても ┃うまくいかない┃ というラベルのまま、解決されずに心の中において置かれてしまうのです。

　そういった時は、前のページでやったように、「うまくいかない出来事」の

┃うまくいかない┃ ラベルを、┃こうなったらいいな┃ ラベルにはりかえてみましょう。

　そうすると「うまくいかない出来事」が「新しい目標」へと変身して、心配ばかりしていて何もしなかった状態から、問題を解決するために行動しよう！という状態へと、心が向かいやすくなるのです。

　試してみてね！

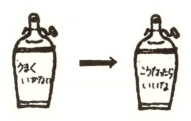

ステップ3：
目標をかなえるための、行動作戦表を作ろう！

（1）あなたが決めた目標をかなえるために、どんなやり方があるかな？
　　ヒントカードを参考に、白いカードに書いてみてね。

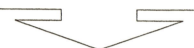

（2）　次に、あなたがそれをやる自信がどのくらいあるか、1～100の間
　　で、点数をつけてみよう。
　　例）
　　　　　絶対できる自信がある　　100点
　　　　　全然できる自信がない　　0点

（3）今考えたいろいろなやり方を書いたカードを、つけた点数の高いも
　　の（自分ができる自信のあるもの）から、次のページにある「行動作戦
　　表」に、順番にならべてはりつけてみよう！

資料　149

行動作戦表

(4) 今作った、行動作戦表にあるいろいろなやり方のうち、点数の高いもの（自分ができる自信のあるもの）の中で、「それをやったら、問題がうまく解決できる」と思う方法を一つ選んで、下にはりつけてみよう。

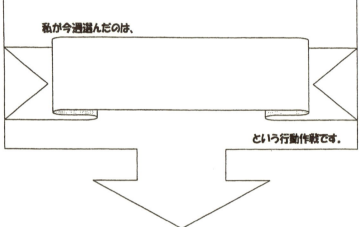

私が今週選んだのは、

という行動作戦です．

ステップ4：行動作戦の予想を立ててみよう！

上で選んだ方法を行動作戦にうつしたら、どんな結果が予想できるかな？自分の予想を書いてみてね！

[　　　　　　　　　　　　　　　　　　　　　　]

今週のホームワーク

　これからの１週間以内に、今回選んだ行動作戦を実際にやってみましょう！そして、自分がどう行動作戦をしたか、その結果がどうなったかをしっかり観察して、次の時間までに、その結果を下の欄に記録してきてね。

（1）あなたはどのように、その行動作戦をしましたか。

　　　★　いつ？

　　　★　どこで？

　　　★　どんなふうに？

（2）その行動作戦の結果はどうなりましたか？

（3）　今回の行動作戦の結果に当てはまる数字に〇をつけてください。

> 4＝とってもうまくできた
> 3＝うまくできた
> 2＝うまくできなかった
> 1＝全然うまくできなかった

監修：早稲田大学人間科学部教授　根建 金男
発行：　　　　　中学校・なんでも相談室

資料 153

作戦 2

行動作戦の結果から、新しい作戦を立ててみよう！

平成　年　月　日 実行

　　　　年　　組　　番

氏名 _____

ステップ5: 行動作戦の結果を見なおす

(1) あなたの行動作戦は、どのくらいうまくできたと思う？
あてはまる番号に○をつけてみてね。

1＝全然うまくできなかった
2＝うまくできなかった
3＝うまくできた
4＝とってもうまくできた

(2) あなたの行動作戦は、どのくらい自分の力で解決できたと思う？あてはまる番号に○をつけてみてね。

1＝自分の力では、できなかった。
2＝あまり、自分の力ではできなかった。
3＝わりと、自分の力でできた。
4＝自分の力でできた。

資料　155

| (1)が3点以上だったひとは、ここに進んでね！ | (1)が3点以下だったひとは、ここに進んでね！ |

↓ ↓

4ページ

ポイント3

うまくいったら、自分にごほうびをあげよう！

5ページ

ポイント4

うまくいかなかったら、こうやって作戦変更しよう！

ポイント３：

うまくいったら、自分にごほうびをあげよう！

　行動作戦がうまくいった人は、自分に何かごほうびをあげてみよう！
自分をほめる方法は、下の２つがあります．

 自分にごほうびをあげる
　　　がんばってうまくいった時、自分に何かをプレゼントしよう。
　　　　例）勉強をがんばったから、１時間自由に使っていい時間を
　　　　　　自分にプレゼントする。

 自分をほめる
　　　自分をほめるお気に入りのことばをみつけて、うまくいった時、
　　　心の中で自分をほめてみよう。
　　　　例）「よくがんばった、私エライ！」

　うまくいったことをほめられると、気分がいいよね？
　それが「気持ちのいい記憶」となって、その後も「また同じように頑張
ってみよう！」という意欲がわいてくるといわれています。
　あなたも、自分をほめる方法を身につけて、元気を作り出してみよう！

　あなたの来週のコースは**「新しい行動作戦へ GO ! コース」**です！

ポイント４：

うまくいかなかったら、こうやって作戦変更しよう！

(1) まず、「うまくいかなかった原因がどこにあるか」を考えてみる

その行動作戦がうまくいかなかった原因は何かな？
当てはまるものに、○をつけてね。

A. 選んだ行動作戦が、少しむずかしかった。
B. 他の人がじゃまとなって、うまくいかなかった。
C. 自分の努力が足りなかった。
D. 自分の能力ではどうにもできないことだった。

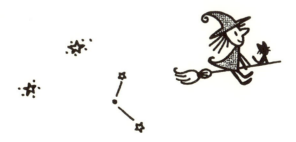

A. 選んだ行動作戦が、少しむずかしかった。

「行動作戦」は変えることができる原因。

　　　解決しやすい。

B. 他の人がじゃまとなって、うまくいかなかった。

他の人は、自分の力で変えにくい原因。

　　　解決しにくい。

C. 自分の努力が足りなかった。

「努力」はふやすことができる原因。

　　　解決しやすい。

D. 自分の能力ではどうにもできないことだった。

「能力」は変わりにくい原因。

　　　解決しにくい。

（2）そこで、もう一度、先週の行動作戦について考えてみよう

あなたの行動作戦は、本当は、どのくらい自分の力で実行することができたと思う？ あてはまる番号に○をつけてみてね。

　　　　1＝自分の力では、どうにもできなかった。
　　　　2＝たぶん、自分の力ではどうにもできなかった。
　　　　3＝もしかしたら、自分の力ですることができた。
　　　　4＝自分の力ですることができた。

ここで、あなたの来週のコースをチェックしてみよう！

1・2点だった人
　　　あなたの来週のコースは「**行動作戦の変更コース**」です！

3・4点だった人
　　　あなたの来週のコースは「**再チャレンジコース**」です！

 来週も同じ行動作戦で頑張ってみよう！

「行動作戦の変更コース」の人たちは、
(3)自分の力で何とかできない行動作戦を、こうやって解決しよう！

 作戦１の、**ポイント１**のページにもどってみよう。

考え方を変える方法
　うまくいかない出来事に対して、そのものごとに対する考え方を変えることで、解決しようとする方法のことをいいます。この方法は、自分の力では変えることができない問題に対して使うと、うまくいく方法です。
　例）好きな子にふられてしまったとき、しょうがないとあきらめる。

とありましたね。

資料　161

作戦タイム②

行動作戦がうまくいった人も、うまくいかなかった人も、次の行動作戦にそなえて、うまくいたときの、

「自分へのごほうび」　「自分をほめることば」
を考えておこう！

今度うまくいったら、自分にあげるごほうびは、何かいいかな？

今度うまくいったら、自分をほめる、お気に入りのことばを書いてみよう！

ステップ6: 次の行動作戦を決定しよう！

（1）あなたの来週のコースはどれだったかな？
コース別に、次の行動作戦への準備をしよう！

新しい行動作戦へ GO！コース
行動作戦表の、次にできそうな作戦にチャレンジしてみよう！

再チャレンジコース
先週やったのと同じ、作戦をもう一度やってみよう！

行動作戦の変更コース
　行動作戦表を見なおして、できそうな行動作戦があったらそれを実行してみよう。
　もしできそうな行動作戦がなかったら、新しく行動作戦表を作りなおしてみよう！

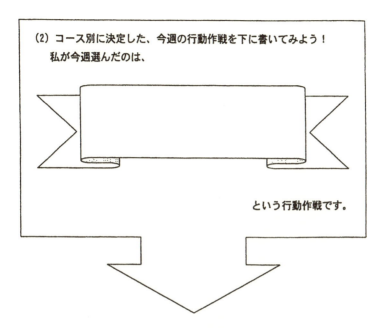

(2) コース別に決定した、今週の行動作戦を下に書いてみよう！
　　私が今週選んだのは、

　　　　　　　　　　　　　　　　という行動作戦です。

ステップ7：行動作戦の予想を立ててみよう！

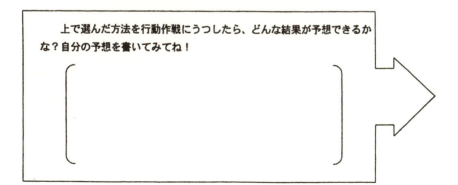

　上で選んだ方法を行動作戦にうつしたら、どんな結果が予想できるかな？自分の予想を書いてみてね！

 今週のホームワーク

　これからの1週間以内に、今回選んだ行動作戦を実際にやってみましょう！
　そして、<u>自分がどう行動作戦をしたか、その結果がどうなったか</u>をしっかり観察して、次の時間までに、その結果を下の欄に記録してきてね。

（1）　あなたはどのように、その行動作戦をしましたか。
　　　★　いつ？

　　　★　どこで？

　　　★　どんなふうに？

（2）　その行動作戦の結果はどうなりましたか？

（3）　今回の行動作戦の結果に、当てはまる数字に○をつけてください。

> 4＝とってもうまくできた
> 3＝うまくできた
> 2＝うまくできなかった
> 1＝全然うまくできなかった

資料　165

監修：早稲田大学人間科学部教授　根建 金男
発行：　　　　　　　中学校・なんでも相談室

作戦3

自分ひとりでも、
行動作戦ができるようになろう！

平成　年　月　日　実行

年　　　組　　　番

氏名

復習ステップ5： 行動作戦の結果を見なおす

(1) あなたの行動作戦は、どのくらいうまくできたと思う？
あてはまる番号に○をつけてみてね。

　　　1＝全然うまくできなかった
　　　2＝うまくできなかった
　　　3＝うまくできた
　　　4＝とってもうまくできた

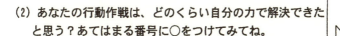

(2) あなたの行動作戦は、どのくらい自分の力で解決できたと思う？あてはまる番号に○をつけてみてね。

　　　1＝自分の力では、できなかった。
　　　2＝あまり、自分の力ではできなかった。
　　　3＝わりと、自分の力でできた。
　　　4＝自分の力でできた。

| （1）が3点以上だったひとは、ここに進んでね！ | （1）が3点以下だったひとは、ここに進んでね！ |

⬇ ⬇

4ページ

復習ポイント3

うまくいったら、自分にごほうびをあげよう！

6ページ

復習ポイント4

うまくいかなかったら、こうやって作戦変更しよう！

```
┌─────────────────────────────────────────────┐
│           復習ポイント 3 :                    │
│                                               │
│   うまくいったら、自分にごほうびをあげよう！   │
└─────────────────────────────────────────────┘
```

行動作戦がうまくいった人は、自分に何かごほうびをあげてみよう！
自分をほめる方法は、下の2つがありましたね.

☺ **自分にごほうびをあげる**
　　がんばってうまくいった時、自分に何かをプレゼントしよう。
　　　例）勉強をがんばったから、1時間自由に使っていい時間
　　　を自分にプレゼントする。

☺ **自分をほめる**
　　　自分をほめるお気に入りのことばをみつけて、うまくいった時、
　　心の中で自分をほめてみよう。
　　　　例）「よくがんばった、私エライ！」

「自分にごほうびをあげる」コツは、やさしめの目標を設定すること。
　むずかしい目標だと、失敗してすぐに「できなかった」とがっかりして、
ガンバリをやめてしまう。でも、やさしめの目標だと成功しやすいから、
できるたびに自分にごほうびをあげていると、ガンバリを続けることがで
きるのです！

あなたの来週のコースは「**新しい行動作戦へ GO！コース**」です！ ➡

> 復習ポイント４：
>
> うまくいかなかったら、こうやって作戦変更しよう！

（１）まず、「うまくいかなかった原因がどこにあるか」を考えてみる

その行動作戦がうまくいかなかった原因は何かな？
当てはまるものに、○をつけてね。

- A. 選んだ行動作戦が、少しむずかしかった。
- B. 他の人がじゃまとなって、うまくいかなかった。
- C. 自分の努力が足りなかった。
- D. 自分の能力ではどうにもできないことだった。

A. 選んだ行動作戦が、少しむずかしかった。

　「行動作戦」は変えることができる原因。

　　　解決しやすい。

B. 他の人がじゃまとなって、うまくいかなかった。

　他の人は、自分の力で変えにくい原因。

　　　解決しにくい。

C. 自分の努力が足りなかった。

　「努力」はふやすことができる原因。

　　　解決しやすい。

D. 自分の能力ではどうにもできないことだった。

　「能力」は変わりにくい原因。

　　　解決しにくい。

(2) そこで、もう一度、先週の行動作戦について考えてみよう

あなたの行動作戦は、本当は、どのくらい自分の力で実行することができたと思う？　あてはまる番号に○をつけてみてね。

　　　　1＝自分の力では、どうにもできなかった。
　　　　2＝たぶん、自分の力ではどうにもできなかった。
　　　　3＝もしかしたら、自分の力ですることができた。
　　　　4＝自分の力ですることができた。

ここで、あなたの来週のコースをチェックしてみよう！

1・2点だった人
　　　あなたの来週のコースは「**行動作戦の変更コース**」です！

3・4点だった人
　　　あなたの来週のコースは「**再チャレンジコース**」です！

来週も同じ行動作戦で頑張ってみよう！

資料　173

「行動作戦の変更コース」の人たちは、
(3)自分の力で何とかできない行動作戦を、こうやって解決しよう！

　作戦１の、**ポイント１**のページにもどってみよう。

考え方を変える方法
　うまくいかない出来事に対して、そのものごとに対する考え方を変えることで、解決しようとする方法のことをいいます。この方法は、<u>自分の力では変えることができない問題</u>に対して使うと、うまくいく方法です。
　例) 好きな子にふられてしまったとき、しょうがないとあきらめる。

とありましたね。

作戦タイム②

先週の行動作戦で、「自分にごほうびをあげる」「自分をほめてあげる」をやってみた感想は、どうだったかな？
　先週のホームワークを見なおしながら、話しあってみよう！

話し合いの結果は、どうだった？

ステップアップ講座： これまでの行動作戦をふりかえって。

(1) 今週はこれまでの行動作戦をふりかえって、
「自分のこれまでの行動作戦のよかったところ」と
「他の人のこれまでの行動作戦のよかったところ」を探してみよう。

💭 あなたのこれまでの行動作戦で、どんな小さなことでもいいから、うまくいったところを探して、他の人に説明してみよう。

💭 他の人のこれまでの行動作戦で、どんな小さなことでもいいから、うまくいったところを探して、教えてあげよう。

(2)
📖 実際やってみてどうだったかな？ 右のページにその時の感想を書いてみてね！

ほめてもらって見つけた、自分の行動作戦のよかったところ。

ほめてあげて見つけた、他の人の行動作戦のよかったところ。

復習ステップ6： 次の行動作戦を決定しよう！

(1) あなたの来週のコースはどれだったかな？
コース別に、次の行動作戦への準備をしよう！

 新しい行動作戦へGO！コース
行動作戦表の、次にできそうな作戦にチャレンジしてみよう！

 再チャレンジコース
先週やったのと同じ、作戦をもう一度やってみよう！

 行動作戦の変更コース
　行動作戦表を見なおして、できそうな行動作戦があったらそれを実行してみよう。
　もしできそうな行動作戦がなかったら、新しく行動作戦表を作りなおしてみよう！

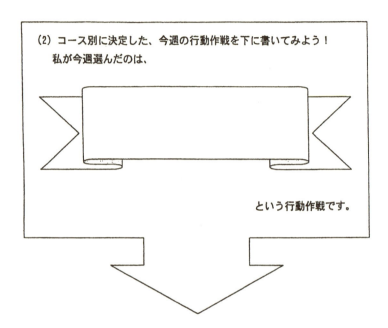

復習ステップ7：行動作戦の予想を立ててみよう！

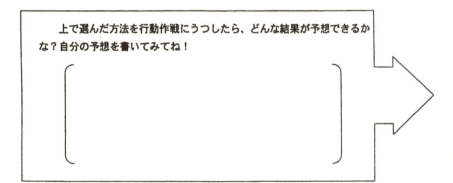

今週のホームワーク

　これからの1週間以内に、今回選んだ行動作戦を実際にやってみましょう！
　そして、自分がどう行動作戦をしたか、その結果がどうなったかをしっかり観察して、次の時間までに、その結果を下の欄に記録してきてね。

(1)　あなたはどのように、その行動作戦をしましたか。
　　★　いつ？
　　［　　　　　　　　　　　　　　　　　　　　　　　　］

　　★　どこで？
　　［　　　　　　　　　　　　　　　　　　　　　　　　］

　　★　どんなふうに？
　　［　　　　　　　　　　　　　　　　　　　　　　　　］

(2)　その行動作戦の結果はどうなりましたか？
　　［　　　　　　　　　　　　　　　　　　　　　　　　］

(3)　今回の行動作戦の結果に、当てはまる数字に○をつけてください。
　　　　4＝とってもうまくできた
　　　　3＝うまくできた
　　　　2＝うまくできなかった
　　　　1＝全然うまくできなかった

(4) 作戦タイム②で決めた次の方法を、どれだけ実行してみましたか？
当てはまる数字に〇をつけてください。

☺ うまくいったら、自分にごほうびをあげる
　　1＝ぜんぜん実行しなかった
　　2＝ほとんど実行しなかった
　　3＝少し実行した
　　4＝しばしば実行した

☺ うまくいったら、自分をほめてあげた
　　1＝ぜんぜん実行しなかった
　　2＝ほとんど実行しなかった
　　3＝少し実行した
　　4＝しばしば実行した

これまでやった行動作戦のやり方をおさらいしよう！

ステップ1：うまくいかない出来事はどんなこと？
自分の力で変えることができる問題＝「（　　　　　　）方法」
自分の力では変えることができない問題＝「（　　　　　　）方法」

ステップ2：「うまくいかない」ラベルを「こうなったらいいな」ラベルへとかえてみよう！
「うまくいかない」ラベルを「こうなったらいいな」ラベルにかえて、「うまくいかない出来事」を「（　　　　）」に変身させてしまう！

ステップ3：目標をかなえるための、行動作戦を考えよう！
「こうなったらいいな」をかなえるための（　　　）をいろいろ考えてみて、それを自分でどのくらいできる自信があるか点数をつけて、ならべてみる

ステップ4：行動作戦の予想を立ててみよう！
（　　　　　　）方法から、順番に行動作戦として実行してみる

ステップ5：行動作戦の結果を見なおす。
○うまくいったら、自分にごほうびをあげる
　自分をほめると、（　　　　）やすくなる。
●うまくいかなかったら、自分をはげます
それは本当に（　　　）では解決できなかったことなのか考える

ステップ6：次の行動作戦を決定しよう！

おさらいの答えで〜す！ あなたはどのくらいできたかな？

> ステップ1：うまくいかない出来事はどんなこと？
> 自分の力で変えることができる問題＝「原因を解決する方法」
> 自分の力では変えることができない問題＝「考え方を変える方法」

> ステップ2：「うまくいかない」ラベルを
> 「こうなったらいいな」ラベルへとかえてみよう！
> 「うまくいかない」ラベルを「こうなったらいいな」ラベルにかえて、
> 「うまくいかない出来事」を「新しい目標」に変身させてしまう！

> ステップ3：目標をかなえるための、行動作戦を考えよう！
> 「こうなったらいいな」をかなえるための方法をいろいろ考えてみて、
> それを自分でどのくらいできる自信があるか点数をつけて、ならべてみる

> ステップ4：行動作戦の予想を立ててみよう！
> 自信のあるやりやすい方法から、順番に行動作戦として実行してみる

> ステップ5：行動作戦の結果を見なおす。
> 　○うまくいったら、自分にごほうびをあげる
> 　自分をほめると、ガンバリ続けやすくなる。
> 　●うまくいかなかったら、自分をはげます
> 　それは本当に自分の力では解決できなかったことなのか考える

> ステップ6：次の行動作戦を決定しよう！

【資料2】随伴性強化プログラム説明書「やる気を出すための行動作成プログラムへの参加にあたって」

「やる気をだすための行動作戦プログラム」
への参加にあたって

　　　　　　　　　　　　　　　　　　　　　　　　　中学校
　　　　　　　　　　　　　　　　　　　　心の教室相談員　牧　郁子

1. このプログラムについて

　このプログラムは、「うまくいかない出来事があって何とかしたいのに、やる気が出ない」というあなたを、応援するためのプログラムです。
　内容は、あなたが学校生活で出会う「うまくいかない出来事」にあった解決方法を、ワークブックを通じて一緒に考えながら、あなたなりの行動作戦をたててそれを実行するというプログラムです。

2. プログラムの効果を知るために、心理テストを実施します

　このプログラムでは、あなたの「やる気の変化」を知るために、はじめる前と終った後に、心理テストに回答してもらいます。
　このテストの結果は、全部のプログラムが終った後で、あなたにお知らせします。

3. このプログラムにおけるプライバシーに関して

　このプログラムであなたが書いたこと・話したことの秘密は、かたく守られますので、安心してこのプログラムを受けてください。
　ただ、あなたにやっていただいたプログラムにおける心理テストの結果を、研究論文などで使わせてもらう場合があります。その場合は、あなたの名前などプライバシーに関する情報は一切公開せずに行いますので、ご了承ください。

　　　以上がプログラムの説明です。
　　　何か質問があれば、えんりょなく聞いてくださいね。

参加申し込み確認書

「やる気をだすための行動作戦プログラム」に参加希望します。

　　　　　　　　　年　　　組　　　氏名

【資料3】中学生のための無気力感予防・対処マニュアル

【製作者】
　　早稲田大学人間科学研究科　牧　郁子
【製作責任者】
　　早稲田大学人間科学学術院　野村　忍

中学生のための
無気力感予防・対処マニュアル

1. 中学生における無気力感の仕組み

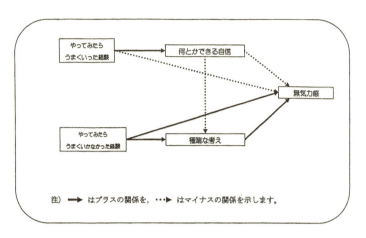

図1　中学生における無気力感の仕組み（概要）

これまでの研究で，以下5つの無気力感の経路が確認されています（図1）。

1. やってみたらうまくいった経験が多いと，何とかできる自信が高まり，将来の無気力感が減少する。
2. 何とかできる自信が高まると極端な考えが少なくなり，将来の無気力感が減少する。
3. やってみたらうまくいった経験が多いと，将来の無気力感を予防する。
4. やってみたらうまくいかなかった経験が多くて，極端な考えが高まり，将来の無気力感が増加する。
5. やってみたらうまくいかなかった経験が多いと，将来の無気力感を促進する。

またさらに詳しい研究で新たに，以下の経路が確認されています（図2）。

1. 何とかできる自信が高まると，先生・勉強への極端な考えが少なくなり，将来の無気力感が減少する。
2. やってみたらうまくいかなかった経験が，先生・友人・自己への極端な考えを高め，その結果勉強への極端な考えを促進して，将来の無気力感が増加する。
3. やってみたらうまくいかなかった経験が多いと，将来の無気力感を促進する。

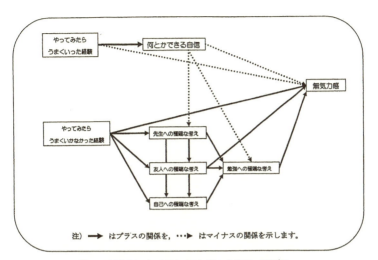

図2 中学生における無気力感の仕組み（詳細）

さらにこうした結果から，中学生の無気力感には大きく分けて以下のタイプがある可能性があります。

(1) 動機づけ低下優位タイプ

やってみたらうまくいった経験自体を少なく感じていることから，何とかできる自信を失って，行動への意欲そのものが低下しているタイプ。

(2) 認知の歪み優位タイプ

やってみたらうまくいかなかった経験自体を多く感じていることから，対人関係（先生・友人）・自分自身・勉強への極端な考えが高まり，うまく行動できなくなっているタイプ。

2. 中学生における無気力感の予防方法

以上の研究結果から，中学生の無気力感の予防には次のような方法が有効であることが考えられます。

(1) やってみたらうまくいった経験を増やし，何とかできる自信をつけさせる

- やってみたらうまくいった経験が多いと，将来の無気力感を予防する。
- やってみたらうまくいった経験が多いと，何とかできる自信が高まり，将来の無気力感を予防する。

→自発行動を増やし，行動した成果を実感させる。

【学習・課題】

・ <u>学習への自発行動を増やす，課題・授業の工夫</u>

例）進度・習熟度にあった課題を設定し，課題をすると…

★ やっただけの結果が得られる可能性が高いことから，
「わかった」経験が次の課題への意欲を育てる効果が期待できます。

・ <u>自分の力を実感できる，課題・関わりの工夫</u>

例）生徒が課題を見つけ・行う授業の導入をすると…

★ 「自から行動して成果を実感できた経験」となり，「自分でやってみる」
という行動自体を増す効果が期待できます。

【教師-生徒関係】

・生徒から働きかけられやすい関係づくり

> 例）生徒が働きかけやすい雰囲気を心がけ，働きかけにこまめに
>   対応すると…

★「自分の働きかけに先生が応えてくれた」経験を通じて，「先生は自分の
　ことを見ていてくれる」という安心感や，自分の行動の成果を実感でき，
　教師との関係での自信が高まる効果が期待できます。

★「何かあったら，先生に聞いてみよう」といった，生徒からの自発的働き
　かけ行動を促進する効果が期待できます。

・指示・指導だけでなく，生徒の力を引き出す援助的指導

> 例）指示・指導だけでなく，どうしたらよいかを生徒自身が
>   考える機会を促す援助をすると…

★ うまくいかない時にでも，自分で対処方法を考え・実行する力を養う
　効果が期待できます。
★ 生徒の「自分でやってみる」自発行動を増やす効果が期待できます。

```
           援助的対応のヒント

  ×「～しないように，～しなさい（否定的目標 ＋ 指示）」
  ×「～したらいいと先生は思うな（解答を与える）」
  ○「～するためには，どうしたらいいと思う？（肯定的目標+主導権を生徒にふる）」
```

(2) やってみたらうまくいかなかった経験を減らし，極端な考えを予防する

- やってみたらうまくいかなかった経験が減少すれば，将来の無気力感が予防できる。
- やってみたらうまくいかなかった経験が減少すれば，極端な考えが軽減し，将来の無気力感を予防できる。
- 対人関係による極端な考えを緩和すれば，自己への極端な考え→勉強への極端な考え→無気力感といった経路が予防できる。
- →自発行動で結果をコントロールできない経験を減らす。

【教師-生徒関係】

- <u>日ごろから，意思疎通のよい人間関係を</u>

例）趣味やテレビ番組の情報交換など，学習・指導以外の場面で，日ごろから生徒との意思疎通をよくしておくと…

★ 相談したいことなど何か起こった時に，生徒から教員に働きかけやすい。
（やってみたらうまくいかなかった経験の予防）

★ 誤解が生じても，教員－生徒間で意思確認をしやすくなる。
（極端な考えが高まることの予防）

【対人関係】
　　日ごろから，意思疎通のよいクラスメート間関係を

例）定期的にクラス全体でできるワーク（エンカウンター等）や，
　　レクレーションを導入すると…

★　「何を考えているかわからない」「自分を嫌っているに違いない」など，
　　誤解・思い込みによるミスコミュニケーションを予防する効果が期待
　　できます。
　　　　　　　　　　　　　　（やってみたらうまくいかなかった経験の予防）

★　もしミスコミュニケーションが生じた時でも，お互いの意思が確認しや
　　すい人間関係づくりが期待できます。
　　　　　　　　　　　　　　　　　　　（極端な考えが高まることの予防）

3. 無気力感タイプ別・対応方法

また先の研究結果から，既に無気力感傾向がある生徒への対応には，タイプ別に次のような方法が有効である可能性が考えられます。

(1) 動機づけ低下優位タイプ

やってみたらうまくいった経験自体を少なく感じていることから，

何とかできる自信を失って，行動への意欲そのものが低下しているタイプです。

☐ 学習に対して，興味や取り組む意欲が感じられない

☐ 対人関係場面で，自分から関わる意欲が見られない．

☐ 気持ちのエネルギー自体が低下している．

―――― 自分で何とかできる自信を育てる対応 ――――

・やったらうまくいった経験が多いと何とかできる自信が高まり，無気力感が軽減する。

→やってみたらうまくいった経験自体が少ないことに起因する「動機づけ低下優位型」には，行動で結果をコントロールしやすい経験・課題を，段階的に増やすことが効果的．

【学習・課題】

・<u>やってみたらできた経験を，スモールステップでつみあげる</u>

> 例）わからなくなっている所からではなく，
>   わかる所から「できた経験」を少しずつ積み上げると…

★ 学習行動への自信を取り戻す効果が期待できます。

★ 学習行動への自信が戻ってくると自発的な学習行動が継続し，
学習でうまくいかなくても何とかできる自信が育つ効果が期待できます。

資料　193

【対人関係】
・ 得意な事を通じて，行動への自信を取り戻す

例）個別対応で本人の得意な事（趣味・特技など）を引き出し，そこに焦点をあてた「コントロールしやすい課題」を設定して，できたことを評価する関わりを積み上げてゆくと…

★ まず個別の関係で「働きかけたら応えてくれた」経験をつむことで，対人場面一般での行動への自信が回復する効果が期待できます。

★ 行動への自信が回復することで，生活全般への意欲が出てくる効果が期待できます。

【教師-生徒関係】
・ 教師からの働きかけを通じて，生徒の反応を引き出す

例）生徒の様子にあわせた，さりげない声かけをこまめにすると…

★ 「先生は自分を見てくれている」という意識が生まれ，教師との関係での安心感が高まる効果が期待できます。

★ 安心感が高まると，「何かあっても，先生がいるから大丈夫」という何とかできる自信が増加し，「何かあったら，先生に相談してみよう」という働きかけ行動を促進する効果が期待できます。

生徒の様子にあわせた声かけのヒント

×「元気か？」「調子はどう？」…対象を特定しない，一般的な声かけ

○「最近元気ないけれど，何かあった？」「顔色悪いけれど，大丈夫？」
　　…その生徒を対象とした声かけ

(2) 認知の歪み優位タイプ

やってみたらうまくいかなかった経験自体を多く感じていることから、対人関係（先生・友人）・自分自身・勉強への極端な考えが高まり、うまく行動できなくなっているタイプです。

☐ 学習に対して投げやり・拒否的な態度を示す。

☐ 対人場面でうまく関われないことが多く、人との関わりに回避的・拒否的な態度を示す。

☐ 不満や怒りといったエネルギーはあるが、問題への拒否・回避行動に転化されている。

気持ちのくみとり・何とかできる自信の増加で、

間接的に極端な考えを減少させる対応

- やってもうまくいかなかった経験が減少すると極端な考えが緩和され、無気力感が軽減する。
- 極端な考えははじめ、対人場面で形成される可能性がある。
- 極端な考えは無気力の要因であると同時に、辛い状況下にある本人を支える信念の側面もあり、直接アプローチしても変わりにくいことが多いが、何とかできる自信が高まると極端な考えが緩和され、無気力感が軽減する可能性がある。

→やってみたらうまくいかなかった経験が多いことに起因する「認知の歪み優位型」には、直接極端な考えを修正しようとするよりも、以下のステップによる方法が有効な可能性があります。

（ステップ1）　極端な考えに至った気持ちをくみ取りつつ、人への信頼感を取り戻させる。

（ステップ2）　本人の持つ資源・周囲にある人的資源に気づかせる。

（ステップ3）　本人・周囲の資源を用いながら、結果をコントロールできた経験を増やし、何とかできる自信を高めることで、自分や勉強への極端な考えを減少させる。

資料　195

（ステップ1）
- <u>1対1のコミュニケーションから，人への信頼感を取り戻す</u>

例）個別対応で，生徒が極端な考えに至った気持ちをくみ取り，
その生徒なりの視点を理解しようと働きかけると…

★　「人を信頼してもいいことがない」という経験的思い込みから，「人は
　　信頼してもいいんだ」という経験的信念に変わる効果が期待できます。

★　信頼できる関係が築かれると，人への極端な考えが緩和され，
　　その関係性の中で，相手の言葉に耳を傾けやすくなります。

（ステップ2）
- <u>本人の持つ資源・周囲にある人的資源に気づかせる．</u>

例）本人の持つ資源を引き出す対応をすると…

★　「自分の力で何とかできるかもしれない」という気持ちが出てくる効
　　果が期待できます。

★　回避・拒否していた場面への直面化・行動化を促す効果が期待できます。

本人の資源を引き出す対応のヒント

「話すのが苦手なんだ」

×「苦手って思い込んでいるから，余計できないのかな」
（ネガティブな側面を指摘→資源として次の行動に使えない）

○「でも人の話を聴くことは得意だよね。聴くことがうまい人は少ないから，
友だちと関わるときに，その得意ワザをもっと使ってみたら？」
（ポジティブな側面を引き出す→資源として次の行動に使える）

例）周囲の人的資源が利用可能なことを気づかせると…

★ 対人関係を「ストレス」ではなく，「利用可能な資源」としてとらえることができるようになり，対人関係における極端な考えを減少させる効果が期待できます。

周囲の資源に気づかせる対応のヒント

【学習場面】
- 学力に合わせた個別課題指導などを通じて，教師が学習資源として利用できることを気づかせる。
- わかる生徒から教えてもらうことで，友人が学習資源として利用できることを気づかせる。

【対人場面】
- 個別対応で1対1の信頼関係ができはじめたら，当該生徒が関わりやすい他の生徒を1名～2名その中に加え，生徒どうしで悩みを話し合い，解決法を考える機会を設ける。
- 立ち会う大人はその過程を見守り，介入が必要な場合も話の流れを微調整するなど，できるだけ最小限にとどめる。
  →友人関係が資源として利用できることを気づかせる。

（ステップ3）

・ 資源を用いて何とかできる自信を増加させ，極端な考えを減少させる。

例）ステップ2の試みで引き出した本人・周囲の資源を使って，回避・逃避していた場面で，結果をコントロールできる経験をつませる。

★ 回避・逃避していた場面での「何とかできる自信」が高まると，自分自身・勉強への極端な考えも減少する効果が期待できます。

資料　197

【資料4】中学生のための無気力感予防・対処マニュアル，個人カルテ（チェックシート）

個人カルテ（取扱注意）	年	組	出席番号	家族構成		欠席状況	
						当月	日
氏名		性別		担任名		部活	4月から	日

不適応理由

- ☐ 登校している　☐ 不登校傾向　☐ 不登校
  - ☐ 特定の人間関係のもつれ（　　　　）
  - ☐ 対人関係がうまくいかない
  - ☐ 集団行動になじめない
  - ☐ 学業不振
  - ☐ 非行行動がみられる（　　　　）
  - ☐ 家庭事情
- ☐ 保護者が登校させない
  - ☐ 経済的理由
  - ☐ 家庭事情
  - ☐ 精神的理由（保護者の分離不安など）
  - ☐ その他

学校との連携

- ☐ 保護者から学校（担任）に連絡があった
  - ☐ 連絡帳等で連絡があった
  - ☐ 電話で連絡があった
  - ☐ 来校した
- ☐ 担任から家庭に連絡した
  - ☐ 電話で生徒に関する状況を聞いた
  - ☐ 家庭訪問をして保護者と話をした
  - ☐ 家庭訪問をして本人と話をした
- ☐ 担任以外の学校関係者が家庭（本人・保護者）と関わった
  - ☐ 養護　☐ さわやか相談員　☐ その他（　　）
- ☐ 本人及び保護者と連絡がとれない
- ☐ 授業に出席している
  - ☐ 出席と欠席を繰り返す　☐ 殆ど授業へ出席している
- ☐ 授業に出席していない
  - ☐ 相談室登校　☐ 保健室登校
  - ☐ 不登校　☐ その他（　　　　）

関係諸機関との連携

- ☐ 教育相談機関へ相談　☐ 適応指導教室へ通級
- ☐ 児童相談所へ相談　☐ 民生児童委員へ相談
- ☐ 巡回相談員による相談
- ☐ 民間施設へ相談または通所（　　　　）
- ☐ 医療機関へ通院・入院（　　　　）
- ☐ その他（　　　　）

連携の様子

様態

★学習障害・注意欠陥多動性障害・自閉症などの発達障害
- ☐ ない　☐ 多少見受けられる（　　　）
- ☐ 傾向がある（　　）　☐ 診断されている（　　）

★本人が信頼し，心を開いている人的資源
<学校内>
- ☐ 担任　☐ 養護教員　☐ 教育相談委員　☐ 相談員
- ☐ 友人（クラス内）　☐ 友人（クラス外）　☐ その他（　）

<学校外>
- ☐ 学校外で習い事・塾等に所属している。
- ☐ 現在習い事・塾等に通っている。

<家庭内>
- ☐ 父親　☐ 母親　☐ きょうだい（　　）　☐ その他（　）

★本人の様子
- ☐ 学習に対して，興味や取り組む意欲が感じられない
- ☐ 対人関係場面で，自分から関わる意欲が見られない。
- ☐ 気持ちのエネルギー自体が低下している。
- ☐ 学習に対して投げやり・拒否的な態度を示す。
- ☐ 対人場面でうまく関われないことが多く，人との関わりに回避的・拒否的な態度を示す。
- ☐ 不満や怒りといったエネルギーはあるが，問題への拒否・回避行動に転化されている。

★本人の性格
- ☐ 幼いところがある
- ☐ 大人びている
- ☐ 外向的である
- ☐ 内向的である
- ☐ 真面目である
- ☐ いい加減なところがある
- ☐ 感情の起伏がはげしい
- ☐ 不安・緊張が高い

★シートの記入方法
(1) 該当する項目に ✓ をお付けください
(2) （　）の空欄にはわかる範囲で記載ください。
(3) 発達障害略称例
　　注意欠陥多動性障害→AD/HD　学習障害→LD　自閉症→PDD

担当者名（　　　　　　　）　年　月　日　記入

【資料5】中学生のための無気力感予防・対処マニュアル,対応シート

2006年　月 対応シート（取扱注意）	年	組	出席番号

氏名		性別	

対応状況・所見	学校担当者（　　月　　日　記入）
	カウンセラー（　　月　　日　記入）

対応状況・所見	学校担当者（　　月　　日　記入）
	カウンセラー（　　月　　日　記入）

学校担当者（　　　　　　　　　）　　カウンセラー（　　　　　　　　　　）

事項索引

あ
因果モデル　59
因子論的妥当性　20
応答性　2

か
改訂 LH 理論　3
介入研究　83
学習性無力感理論　2
間接効果　67
基準関連妥当性　27
客観的随伴性　84
具体的操作期　122
形式的操作期　122
結果期待　6
原因帰属理論　3
交差妥当性　76
構成概念妥当性　55
行動評定　60
効力期待　6
コーピング・エフィカシー　8
コントロール感　5, 6
コンピテンス　5

さ
再検査信頼性　26, 40
The contingency-competence-control (CCC) モデル　13
3 項随伴性　10
時間的要因　59
自己強化　85
自己教示訓練　87
自動思考　8
主観的随伴性　84
状態尺度　90

情動焦点型コーピング　85
シングルケース・スタディ　113
随伴経験　21
随伴性　5
　——認知　2
随伴的失敗　128
随伴的成功　128
推論の誤り　8
ストレス・コーピング　86
ストレスマネジメント教育　131
セルフ・エフィカシー理論　5
ソーシャルスキル・トレーニング　87

た
中学生のための無気力感予防・対応マニュアル　99
中学生版・主観的随伴経験尺度　19
中学生用・思考の偏り尺度　34
中学生用・随伴性強化プログラム　83
中学生用コーピング・エフィカシー尺度　27
直接効果　67
統合効果　73
統制不可能性　4
特性尺度　90

な
内的整合性　20
認知変容　80
能力信念　6

は
非機能的態度尺度　9
非随伴経験　21
非随伴的失敗　128

非随伴的成功　128
不合理な信念　8
　——尺度　9
不登校　1
併存的妥当性　23
方略信念　6

ま
問題解決型コーピング　85

や
抑うつスキーマ　8
抑うつ認知理論　8

ら
Locus of control　理論　5

人名索引

A
Abramson, L. Y.　3, 4, 8, 120
Adams, N. E.　7, 8
上里一郎　89
Aldwin, C. M.　8
Alpert-Gillis, L. J.　86
余部千津子　121
青木省三　76
青柳　肇　3
荒木友希子　4
東　清和　76

B
Bandura, A.　5-8, 78
Banez, G. A.　5
Beck, A. T.　8, 9, 12, 35, 36, 43, 116
Benson, J. S.　11, 128
Brehm, J. W.　3
Brown, G.　36
Burger, J. M.　5, 11

C
Carr, T.　5
Carver, C. S.　7
Compas, B. E.　5, 6, 86
Cowen, E. L.　86
Coyne, J. C.　5, 9, 11
Craighead, W. E.　80
Cruzen, D.　8
Curwen, B.　9

D
Dweck, C. S.　129

E
Emery, G.　35
榎本淳子　70

F
Fencil-Morse, E.　3
Flammer, A.　5, 6
Folkman, S.　86, 111
Fondacaro, K. M.　86
藤田秀文　42

G
Gaber, J.　2
Galbraith, M. E.　8
Garber, J.　8, 38
Gong-Guy, E.　3, 8
Gotlib, I. H.　5, 9, 11

H
Hammen, C.　3, 8
繁多　進　121
針塚　進　1
樋口一辰　2, 10, 11
平井洋子　129
Hiroto, D. S.　11, 128
Hollon, S. D.　76
保坂　亨　47, 52
細田一秋　3

I
石隈利紀　131
Ito, A.　9, 41
伊藤亜矢子　129
伊藤美奈子　2, 70

J

JoAnne, L.　86

K

鎌原雅彦　2, 10, 11, 128
亀谷秀樹　11
金山元春　132
Kaplan, R. M.　11
笠井孝久　47, 50, 52, 54, 60, 64, 68, 89
Kendall, P. C.　76
Kennelly, K. J.　11, 128
Klein, D. C.　3
Koller, P. S.　11
Kubal, L.　3

L

Lamarine, R. J.　80
Lazarus, R. S.　86, 111

M

前田健一　132
Maier, S. F.　2, 3, 5, 10, 11, 77, 120, 121, 128
Malcarne, V.　5, 86
松井 仁　129
松村千賀子　9, 37
McCarty, C. A.　5
Meyers, A. W.　80
三浦香苗　47, 52
三浦正江　9, 89, 131
宮田加久子　4
水口禮治　2
Mochizuki-Kawai, H.　9
森 治子　9
森 俊夫　70
村松健司　47, 52

N

中丸 茂　11
丹羽洋子　70

O

小田美穂子　9
岡安孝弘　70, 75
大芦 治　3
大久保智生　129
大野太郎　131

P

Palmer, S.　9
Pedro-Carrol, J. L.　86
Peterson, C.　5, 11
Pihl, R. O.　8
Proffitt, V.　5
Proffitt, V. D.　10, 11

R

Reese, L.　7, 8
Revenson, T. A.　8
Rintoul, B.　5
Rodin, J.　5, 7, 10
Roth, S.　3
Rotter, J. B.　5, 10
Ruddell, P.　9
Rush, A. J.　35

S

坂野雄二　9, 24, 89
作地 眞　1
桜井茂男　4
猿渡末治　9
佐藤正二　131
Scheier, M. F.　7
Schilling, R. F.　2
Schinke, S. P.　2
Schwankovsky, L.　8
Seligman, M. E. P.　i, 2-5, 8-11, 77, 120, 121, 128
Semmel, A.　3, 120
Shanley, N.　2
Shaw, B. F.　34

嶋田洋徳　9, 23, 31, 38, 70, 74,
清水直治　10
下坂　剛　70, 75
Shorkey, C. T.　9
Skinner, E. A.　5-7
Snow, W. H.　2
Sobolew-Shubin　8
Solomon, R. L.　3
Southam-Gerow, M. A.　5
Spiacapman, S.　5, 6
Steer, R. A.　37
Stipek, D. J.　2, 5, 6
Sweeney, L.　5, 10, 11

T
高山　巌　24, 39
田村修一　131
Tanno, Y.　9
丹野義彦　8, 9
樽木靖夫　70
Teasdale, J. D.　3, 4, 120

Thompson, S. C.　5, 6, 8
東條光彦　24

V
von Baeyer, C.　3, 120

W
Wasserman, A. A.　5
渡辺弥生　132
Weiss, B.　2, 5
Weissman, A. N.　9, 36
Weisz, J. R.　2, 5-8, 10, 11, 13, 15, 78
Whiteman, V. L.　9
Worsham, N.　5
Wortman, C. B.　3
Wright, P. G.　8

Y
山田剛史　130
山本　弘　132
矢富直美　70

【著者紹介】

牧　郁子（まき　いくこ）
大阪教育大学実践学校教育講座准教授
早稲田大学大学院人間科学研究科健康科学専攻博士課程
単位取得満期退学
博士（人間科学）
主著に，『実践をふりかえるための教育心理学』（共編著，ナカニシヤ出版，2011）など。

中学生における無気力感のメカニズムと対応

2015 年 2 月 20 日　初版第 1 刷発行　（定価はカヴァーに表示してあります）

著　者　牧　郁子
発行者　中西健夫
発行所　株式会社ナカニシヤ出版
〒606-8161　京都市左京区一乗寺木ノ本町 15 番地
Telephone　075-723-0111
Facsimile　075-723-0095
Website　http://www.nakanishiya.co.jp/
E-mail　iihon-ippai@nakanishiya.co.jp
郵便振替　01030-0-13128

装幀＝白沢　正／印刷＝ファインワークス／製本＝兼文堂
Copyright © 2015 by I. Maki
Printed in Japan.
ISBN978-4-7795-0936-0

本書のコピー，スキャン，デジタル化等の無断複製は著作権法上での例外を除き禁じられています。本書を代行業者等の第三者に依頼してスキャンやデジタル化することはたとえ個人や家庭内の利用であっても著作権法上認められておりません。